政策をみる眼をやしなう

京都大学経済研究所
附属先端政策分析研究センター［編］

佐和隆光
諸富　徹
軽部謙介
溝端佐登史
小嶋大造
末光大毅［著］

東洋経済新報社

本書は、二〇一九年三月二日に開催された、京都大学経済研究所シンポジウム「政策をみる眼をやしなう」の記録である。

政策をみる眼をやしなう［目次］

序

政策をみる眼をやしなうこと
―本シンポジウムによせて―

溝端佐登史

第Ⅰ部 講演

講演1

政策報道の現場で考えたこと
―メディアは何をどう伝えるべきなのか―

軽部謙介

講演2

財政金融政策における裁量と規律

―財政民主主義の視点から黒田日銀の量的緩和政策を検証する―

諸富 徹

講演3

第四次産業革命への適応

―政府は何をすべきか―

佐和隆光

第Ⅱ部　討　論

パネル・ディスカッション

パネリスト　佐和隆光
諸富　徹
軽部謙介
コメンテーター　末光大毅
司会　小嶋大造

序

政策をみる眼をやしなうこと

——本シンポジウムによせて——

溝端佐登史

京都大学経済研究所は経済理論に重きを置く研究機関であるが、その研究を活かして、現代経済の課題に対する政策処方箋を提示することにも目を向けている。経済研究所に附置する先端政策分析研究センター（CAPS）では、いわば理論と政策をインターフェースさせる政策研究を行っている。そうした研究を行う上で重要なポイントは政策をどう評価するかという問いである。

政策を評価すること。それは、ひとえに政策立案者だけに限られるものではない。むしろ、政策を監視するという意味からは、私たち市民一人ひとりに問いかけられていることである。それでは私たちは、政策をどのようにみたらよいのか。政策をみるための着眼点とは何か。政策をみる眼をやしなうにはどうしたらよいのだろうか。

本書は、二〇一九年三月二日に開催された京都大学経済研究所シンポジウム「政策をみる眼をやしなう」の記録である。このシンポジウムの狙いは、政策をみるための拠りどころとなる座標軸とはどのようなものか、その座標軸からみたとき現代の政策はどのようにとらえられるのかを考えることにある。シンポジウムの前半では、学界の第一人者である先生方や政策報道の第一線で活躍されているメディアの方に講演いただくとともに、後半では現役の役人の方をまじえたパネル・ディスカッションを行うことで、上記の問いかけに対して学びを深めようとするものである。

統計不正問題から政策を考える

昨今、経済政策を議論する上で避けて通れないニュースが、厚生労働省による「毎月勤労統計調査」の統計不正問題であろう。政府統計は信用できないという世論や心証が形成され、『日本経済新聞』(二〇一九年一月二七日)によると、七九%の国民が政府統計を信用できないとみている。こうした状況は不正発覚から時間が経過しても事態は変わらないどころか、むしろ不信の大きさは深まってさえいるようにみえる。客観的なデータは経済政策の大前提である以上、政府統計の不正は日本の権威喪失ばかりか、研究者にとっても研究成果の信頼性喪失につながりかねない由々しき事態だ。

もっとも、政府は最初から統計をないがしろにしていたわけでない。今日の中心的な政策立案のキーワードに「エビデンス・ベースト・ポリシーメーキング」(証拠に基づく経済政策)という考え方がある。政策は、統計とりわけ客観的データに依拠して立案されなければならないということを意味し、CAPSの重要な研究課題にもなっている。二〇一七年五月の政府の統計改革推進会議の「最終とりまとめ」でも、現状は「エピソード・ベースト・ポリシーメーキング」（経験に基づく政策）になっており、それを「エビデンス・ベースト・ポリシーメーキング」へ転換することが強調されている。

統計改革推進会議は二〇一七年一月に、「政府全体におけるエビデンス・ベースト・ポリシーの定着および国民のニーズへの対応等の観点から、抜本的な統計改革および一体的な統計システムの整備等を政府が一体となって強力に推進するために必要な検討を行う」ために設置されたものである。統計不正問題の発覚は、こうした改革が空回りしている、あるいは少しも進んでいなかったことを証明するが、同時に統計データと政策の重要性を改めて政策当事者にも社会全体にも提起する機会ととらえることもできよう。日々見過ごされがちなデータ・統計の信頼性は、そのまま政策・政府の信頼性につながる。

「政府・政策を監視する」つまり「政策をみる眼をやしなう」とは何を意味するのか。「政策をみる」とは、具体的には、①政策がどのようなデータやエピソードを基礎にして、誰によって、誰のために策定されているのか、②政策を策定するすべての主体・道具（方法）・対象は信頼に足るのか、をしっかり見定めることだ。それには、みる眼こそが不可欠になる。「眼をやしなう」には、①政策・理論（理屈）・サンプル（経験）に関する知見を積み重ねることが求められるが、それに加え、②現実感覚の大事さ——今、自分の周囲で起きていること、庶民の「常識」との距離——を知ること、③政策が結果を導くすべてではないことを認知しておくこと、が必要となろう。

「政策をみる眼をやしなう」には、理論や経験だけでなく現実感覚も重要な要件になる。たとえば「アベノミクス」の成果が喧伝され、統計不正問題のようにデータの信憑性が指摘されて初めて、人々は政策の実効性に疑問を持つのだろうか。データにかかわりなく、実施された政策評価において、たとえば「成長の実感がない」、あるいは「物価上昇が感じられない」といった庶民の常識、感覚もまた政策をみる眼として欠かせない。

さらに、「政策をみる眼」に関連して言えば、経済の状況・結果が政策だけに帰されるわけではないことも理解しておく必要がある。変化が生じた場合に当然のことであるが、政府によって実施された政策だけが変化をもたらしたわけではなく、変化以前の状態がどのようなものであったか、どのような社会・政治・経済・環境の変化が生じているのかなども考慮されなければならない。特に、統計問題のために私たちは国内に眼をむけがちであるが、グローバル経済・社会の状況をとらえる視座は欠かせない。つまり、政策をみる眼には、複眼的な視座をやしなうことも重要な要件になる。

政府・政策を監視する

政策の策定には、官僚・政治家だけでなく、国際機関、財界、労働者団体、消費者、住民、NGO／NPOなどさまざまな利害関係者が関与しており、メディアがそれぞれの利害を関係づけている。国民は投票以外に、さまざまなチャネルで政策に影響する（図表序―1）。全体の利害の統合・調整、政策および法制度の策定される場は政府であり、政策のエンフォースメント（実効性）もまた政府に依存する。利害関係者が多様になればなるほど政府の役割は大きくなる。政府が信頼されていなければ、いかに精度の高い有益なデータを活用して、いかに立派な政策を立案したとしても、それが実施される保証はない。その意味では、政策評価において、政府も質を問われている。

実際に、国や政府の質を測定することは難しいが、その試みもある。スウェーデンのヨーテボリ大学「政府の質研究所」（The Quality of Government Institute）ではQOG（Quality of Government）という政府の質に関する指標を分析し、不正のない信頼性に足る公平な、そして能力を持った国家機関を研究している。また、世界銀行の世界統治指数（Worldwide Gov-

図表序-1　政策をめぐる利害関係者

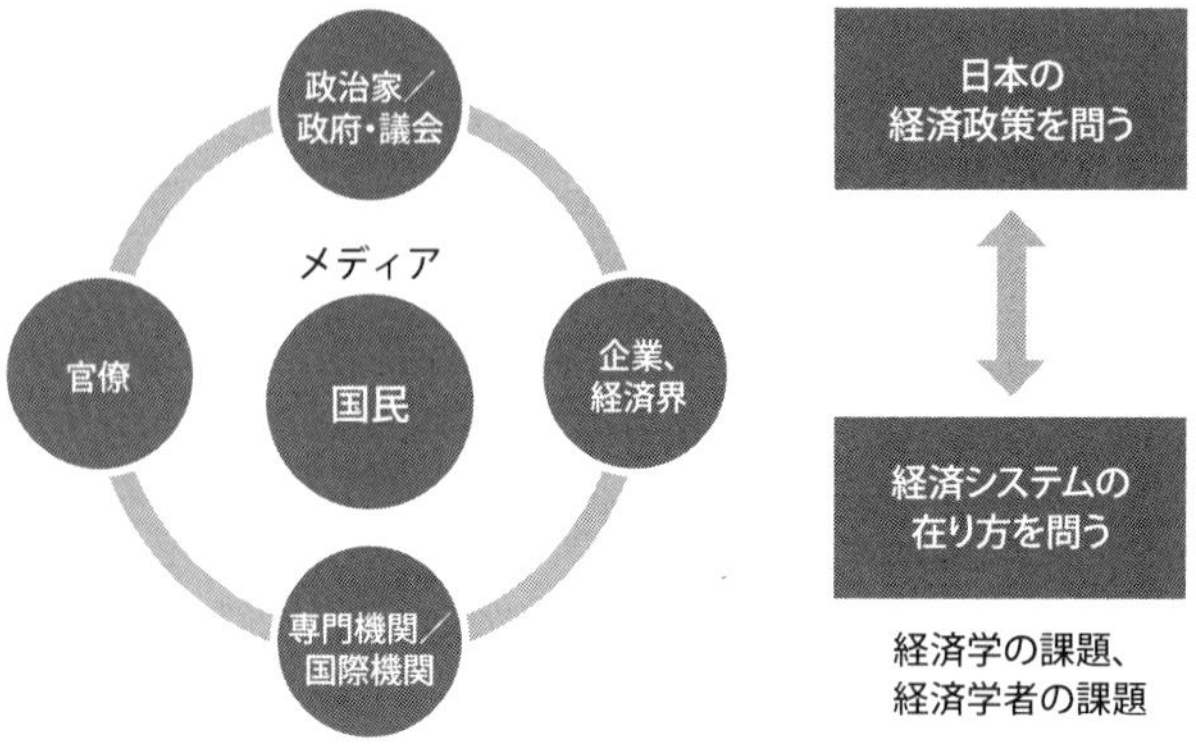

（出所）筆者作成

ernance Indicators）では、公平性、良い統治、法の支配、汚職、政府の効率、公益・公正に資する国家・公務員、制度と政策を公平に執行する能力などの項目をあげて、各国の政府の質を評価している。

政府の質が低くなると、不正が増えて、政府の効率も低下する。政策は恣意的に策定されやすく、政策の執行能力も下がる。その結果、芳しい政策の結果も得られない。逆に政府の質が高くなり、透明になると、政策は絶えず社会に緊張感を持って監視・実施される。

概して民主主義の制度化が進めば、それだけ政府の質は改善されるが、いずれの国の政府も歴史的な経緯を経て形成され、国民に認証されてきたものである。それゆえに、過去の歴史的初期条件が政府の質に影響するという「遺産」が、現在の政府の質を強く規定している。遺産がみすぼらしく低いものであれば、当該社会における公務員の意識、市民のモニター（監視）する力も多くを期待できない。そのことが、政府の質をさらに低くする。

一般に政府の質は安定した法制度・市場インフラを確立した先進国で高く、法制度が不安定なままの発展途上国やロシアなどの新興経済国では低くなる傾向がある。もっとも、先進国、途上国、新興国それぞれのグループ内でも、国毎に政府の質の水準は異なる。汚職を一つの指標としてみれば、Transparency International の Corruption Perception Index 2018（汚職認知指数）のデータによると、同じ欧州であってもデンマークはクリーンの度合いで一位であるが、ＥＵ新規加盟のクロアチアは六〇位、不断に危機のリスクを有するギリシャは六七位と著しく異なる水準にある（日本一八位）。

政府の質が低下すると、市場経済のベースになるインフラストラクチャー、経済制度も劣化する。政府の質はそのまま市場の質に反映される。低い政府の質のもとでは、たとえば汚職のために支払いを求められるという意味で、市場での取引コストも高くつくことになる。高い取引コストは、より低いコストを求めて非公式のルールに依拠するため、政策の執行力を引き下げるリスクを帯びる。

政府の質と市民の監視

「政策をみる眼」つまり市民がモニター（監視）する力はそれ自体、政府の質の高さを指し示す重要な指標の一つになる。

図表序-2は、世界銀行の世界統治指数（ＷＧＩ）の経年の変化を指し示している。上のグラフが日本で、下のグラフがアメリカである。両国を比べると、アメリカの方がはるかに安定して高水準にあることが明らかになる。アメリカはチェック・アンド・バランスが効いており、政府の質は非常に高い。ただし、政治的安定性だけは例外で、州の投票結果で当選者が入れ替わり、国を二分する大統領選挙が行われるために、政治は不安定化しやすい。二〇〇四年はジョージ・Ｗ・ブッシュの選出、二〇一〇年はオバマ政権時の中間選挙、二〇一六年はトランプ現象を指し示している。日本は全体的に右上がりで政府の質は年々良くなっているようにみえるが、評価項目のうち説明責任の低さが特徴的である。日本では政策が想定通りにうまくいかなくても、政策の失敗が明確化され、政府に対する責任の追及がされることはない。つまり、日本政府の説明責任、責任の所在は不透明になりがち

図表序-2　政府の質評価、日本とアメリカ

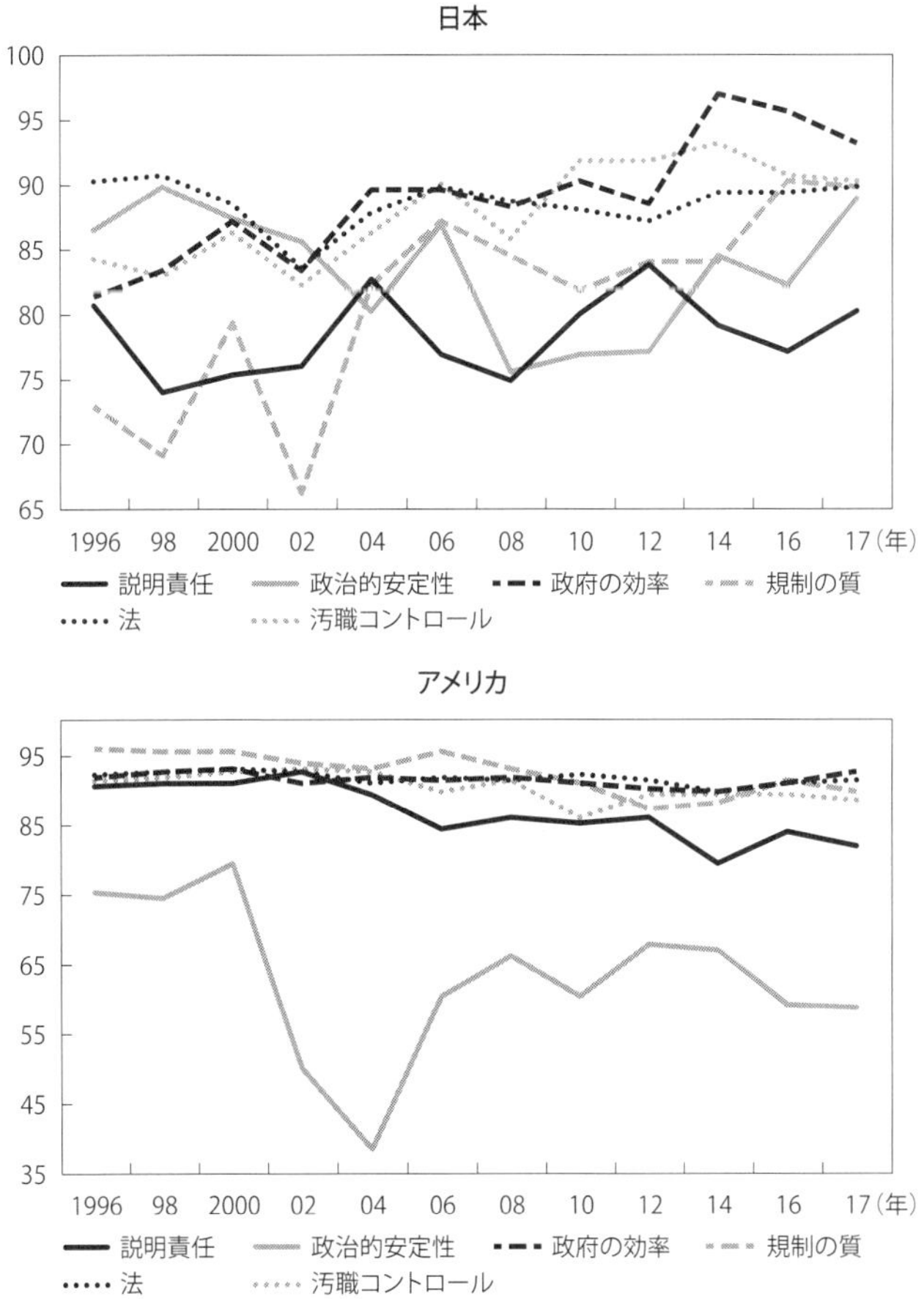

（出所）世界銀行Worldwide Governance Indicators（WGI）1996～2017年：ボイスと説明責任、政治的安定性と暴力の欠如、政府の効率、規制の質、法の支配、汚職コントロール; percentile rank（0 to 100）

図表序-3　政府の質評価、中国とロシア

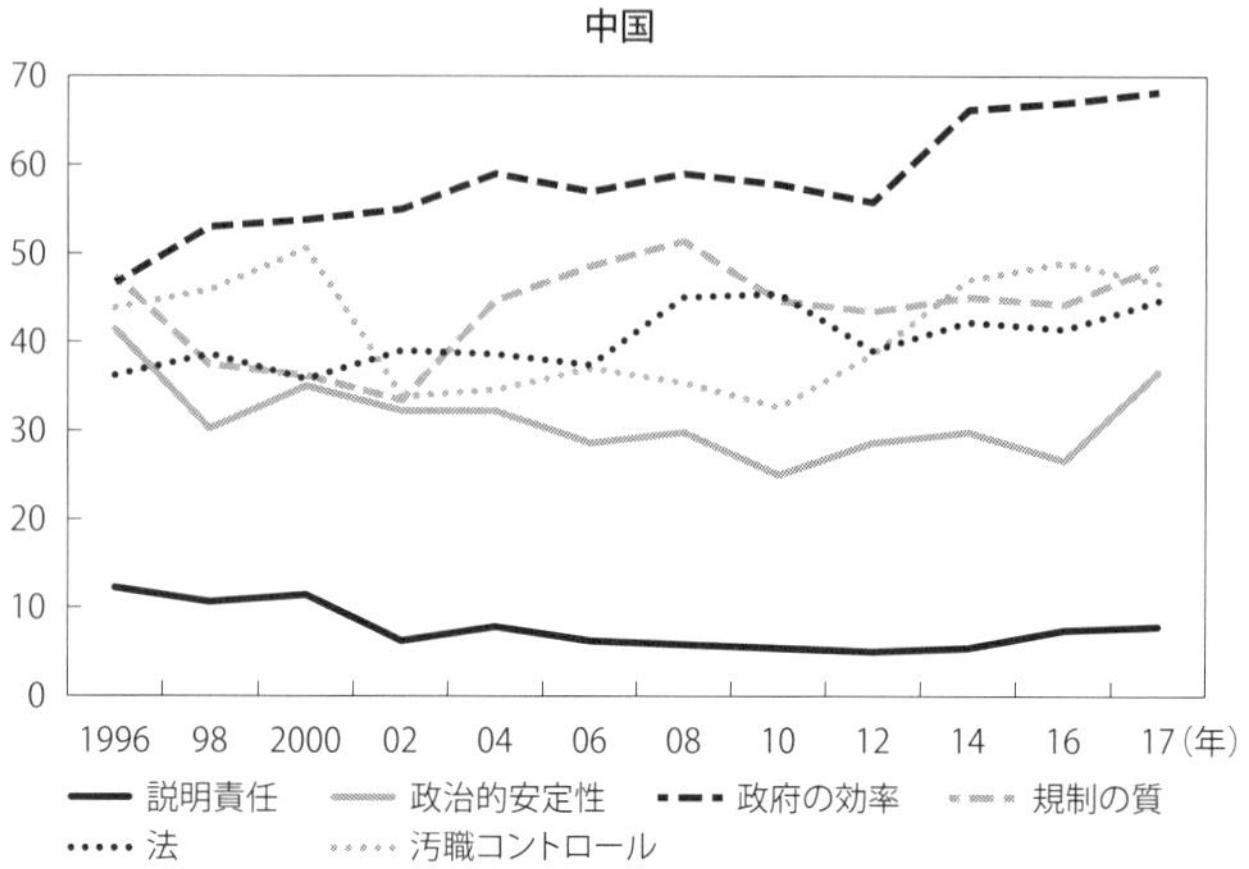

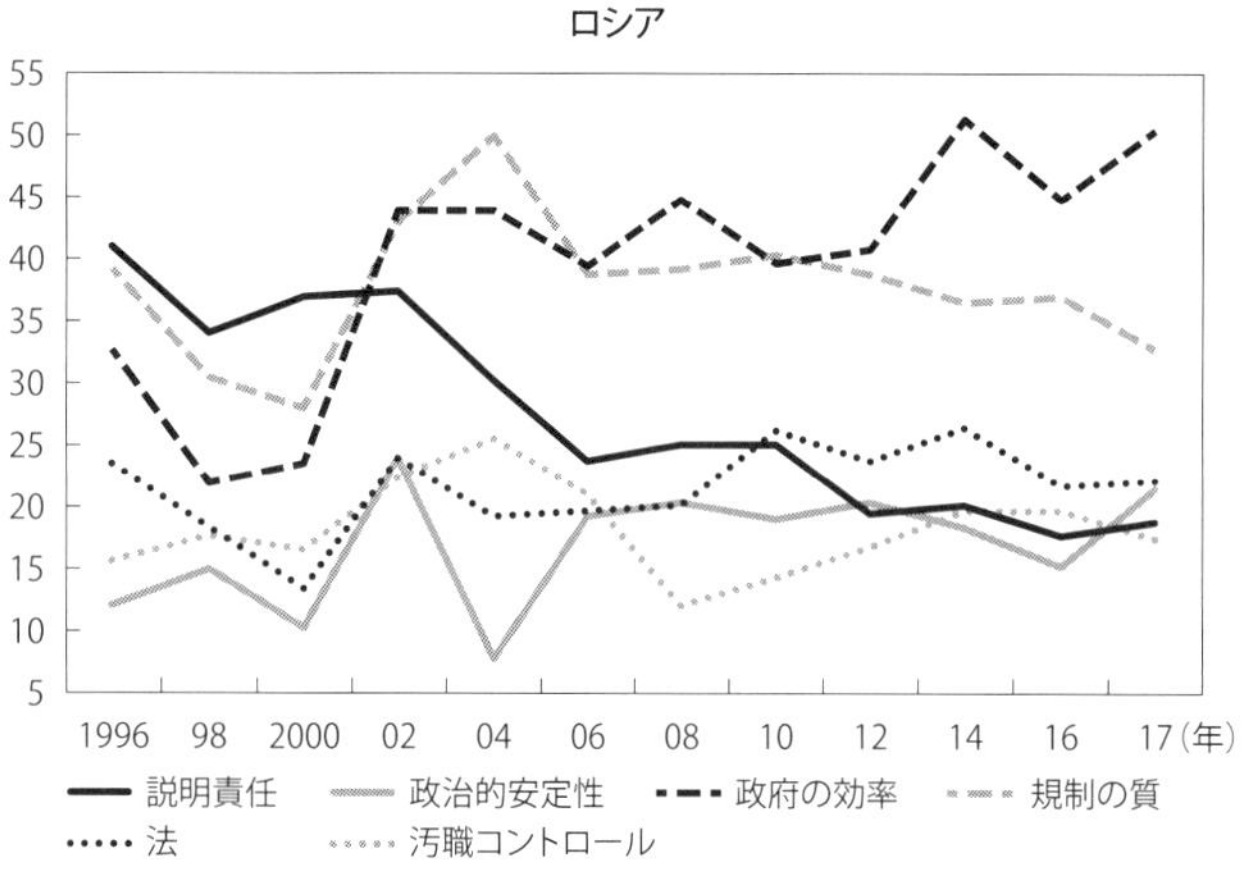

（出所）図表序-2と同じ

であり、このことが日本社会の特徴とすれば企業の責任においても同じ現象が生じやすい。

一方、図表序-3は、中国とロシアのＷＧＩを示している。いずれの項目でも、先進国に比して極めて低水準にある。特に低さが目立つのが日本同様に説明責任であり、その意味では後発で発展した諸国の政府に共通する現象とも映る。この図は最も高い政府の効率を除くとすべての項目が低い水準になっていることを示し、中国政府には説明責任が微塵もないようにさえみえる。一九九二年以降市場移行を進めているロシアでは、政府の効率は改善されているが、政府の質は中国以上にみすぼらしくみえる。法、説明責任、汚職はいずれも著しく低い水準にあり、政府に対する信頼などまったく見いだせそうもない。その結果、中ロ両国では政策の良し悪しが問題になるのではない。そもそも、両国の政策は国民に対する信頼性を欠き、政策実施の有効性、執行能力に大きな問題が存することになる。

国民の政策をみる眼の厳しさは政府の説明責任と直結する以上、みる眼をやしなうことは政府の質を高める条件になる。とくに歴史的に政府の質が低い国においては、政府の効率を高める以上にみる眼をやしなうことが確実に政府の質を高めてくれる。

説明責任者を見つけ出す眼と経済学の戒め

それでは、「政策をみる眼をやしなう」ためのポイントはどこにあるのか。本日の講師の先生方はそれぞれすでに示唆に富む著作（岩波新書）を刊行されている。ここでは、著作を通して政策をみる眼に対する視座を取り出そう。

軽部謙介氏は著書『官僚たちのアベノミクス』（二〇一八年）の中で「誰がどのように仕組んだのか」、あるいは「誰がその中身に改変を加えようとしたのか」という視座を提示している。政策論議ではともすればツール（道具）や方法に目が行きがちだが、それよりも政策にかかわる人間とその利害関係こそが重要になる。

図表序-1に示したように、政策を策定し実施する場合、種々のステークホルダーが関係する。政策の策定に当たるのは官僚だけでなく、為政者（政治家）・政府・議会が強い影響力を行使する。政治主導という語がそれを如実に表している。そのうえに日本銀行はじめ政策立案機関や国際的な専門家集団もまた影響を及ぼす。中央銀行の世界的なネットワークもそれに加えられよう。また、政策は国民のためにあるとすれば、国民こそが政策立案にもっとも関与すべき存在となろう。しかし国民は一義的ではなく、住民、消費者、生産者、労働者、投資家などさまざまな顔を持っている。世代間、男女間、教育水準間さらには所得間などで多種多様な利害で相互に対立し、分断された存在になっている。必ずしも利害が一致しておらず、一つの政策ですべての国民のニーズが同時に満たされるわけではない。政策をみる眼を議論する場合も、どういう立場でどういう主体が政策を策定しているのかを問う視点は欠かすことができない。もっと直截的に言えば、政府の質が低いと言われる日本においてこそ説明責任者を適切に見つけ出す眼が問われている。

政策を主導する政府が既存の経済哲学に立脚する場合、軽部氏の言葉では特定の人間・利害関係にのみ立脚すれば、動的な政策は策定されにくい。環境と経済の歴史的に相容れない緊張関係を持つ領域をベースに(環境)政策に接近した諸富徹・浅岡美恵『低炭素経済への道』(二〇一〇年)で、諸富氏は「非連続的な発展」を展望する政策形成を重視し、そのための政治のイノベーションをも提起する。低炭素経済への移行という、静態的ではなく、動的でイノベーティブな政策こそ二一世紀の不確実性を越える政策になるのであり、そのときに政府には、負担の公平さとともに、人を救い、痛みをやわらげるという責任が付きまとう。高い政府の質こそが、人々から不安を取り除き、動的な政策を実施することを可能にする。

「政策をみる眼をやしなう」の議論でさらにもう一つ考えたいのは経済学の役割である。経済学はこれまで政策に一種の科学的装いを提供する役割を果たしてきたといって過言ではない。政策を考える場合にも、経済学をどうとらえるのかが重要になる（図表序-1）。

佐和隆光『経済学とは何だろうか』（一九八二年）は経済学のあり様を「制度化」をキーワードに描き出した名著で、多くの経済学者に影響を与えている。佐和隆光『経済学のすすめ』（二〇一六年）はその延長線上にある。『経済学とは何だろうか』は「ケインズが歯医者のように公平な技術者である政府経済顧問が偏見にとらわれない科学的助言をおこない、政策決定者はそれに従って公共の利益のために行動するという姿を経済学者の理想像として描いているが、それは自信過剰であって、せいぜいある政策が有効ではないということを述べることが経済理論の役割」と述べている。いわゆる科学主義的な見方への戒めであり、経済学に一体何ができて、何ができないのか、何をしてはいけないのか、こうした問いを自覚することが経済学者には求められ、政策をみる眼にこそ、特権としての経済学のおごりではなく、謙虚にみる視座が必要となる。

本書では、以上の三名の方々による講演とパネル・ディスカッションが収められている。

本書が、政策、さらには社会をみる座標軸について、少しでも考えを深めていく機会となれば幸いである。

第 I 部

講　演

講演1

政策報道の現場で考えたこと

――メディアは何をどう伝えるべきなのか――

軽部謙介

私が時事通信社に入社し記者活動を始めてから四〇年近くになる。通信社は一般の読者にとって縁遠い存在かもしれないが、要するに「ニュースの問屋」と思っていただければいいのかもしれない。これまでは世の中の出来事を取材してニュースを制作し、新聞やテレビ、ラジオ、一般企業などへ配信するのがメインの仕事だった。しかし、最近ではヤフーなどインターネットのニュースサイトへも配信し、利用されるようになっている。通信社の記者の取材活動や執筆する記事内容は、新聞社の記者とまったく変わるところがない。

ちなみに日本には通信社が時事通信と共同通信の二つしかないが、この両者も一九四五年の敗戦までは同盟通信社という巨大な国策通信社だった。これが分割されて時事と共同が誕生したわけだ。

現在、新聞がかつてほど読まれなくなったと言われて久しい。通信社はそうした購読部数の減少を日々身近に感じるわけではないが、この問題はジャーナリズムのあり方にも大きな影響が出てくるのは間違いない。

ただ、今日は「政策報道の現場で考えたこと」がテーマなので、経営問題を議論しようとしているわけではない。経済ジャーナリズムとして政策を報道していくとはどういうことなのか、また新しい時代の中でその課題は何なのかなど、いつも断片的に考えていることとをお話してみたい。

経済報道の三つの対象

われわれが経済政策を報じる場合にどういう視座でものを考えているか。これを議論する前に、経済報道の対象とは何かを考えてみたい。

図表1-1は、私の独断と偏見で経済報道の対象を三つに分類してみたものだ。

まず経済現象である。具体的には、市場(マーケット)の動きや最新の経済統計、景気の動向などだ。今の日本経済の「体温」は何度なのか。四〇度の高熱を発している(インフレ)か、それとも低体温症(デフレ)に陥っているか。それらを的確に判断して読者に伝えなければならない。

こうした動きは資本主義経済ではまず市場に現れてくる。たとえば、日本経済がバブル崩壊に向かう頃、一九八九年一二月二九日に株式市場では平均株価が史上最高値——これは二〇一九年になる今でも抜かれていないのだが——三万八九一五円をつけた。しかし、翌年の大発会から崩れ始める。最初は「これは上がった分の調整売りだよ」などという解

図表1-1　経済報道の対象は何か

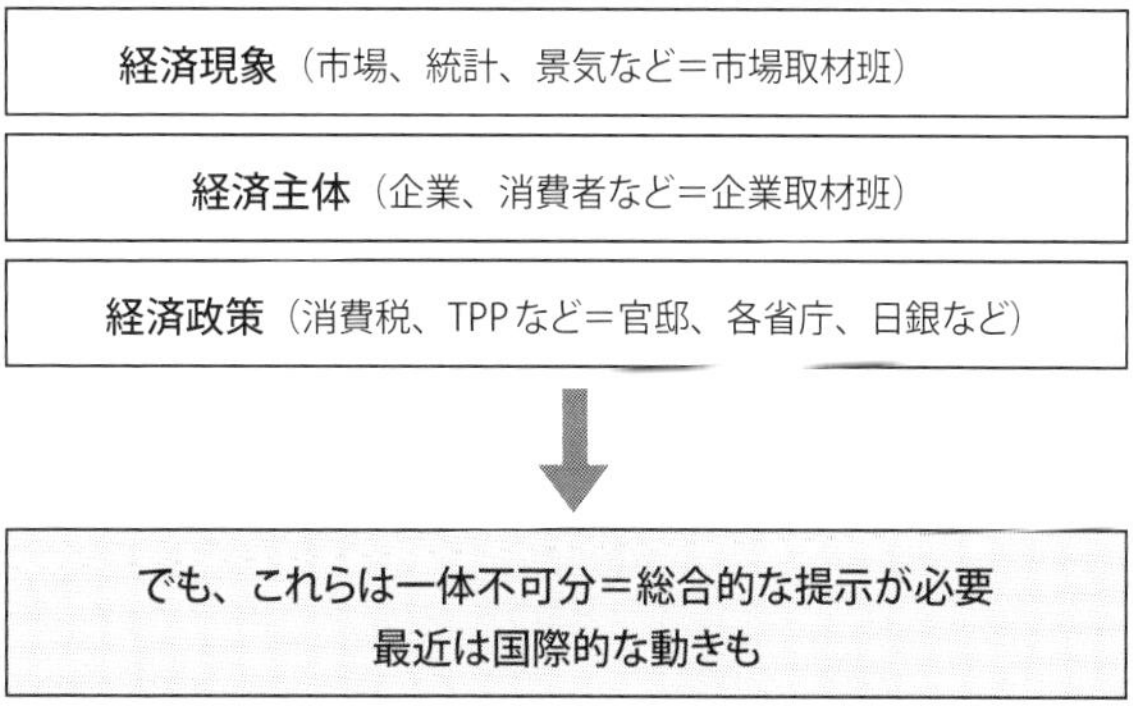
経済現象（市場、統計、景気など＝市場取材班）
経済主体（企業、消費者など＝企業取材班）
経済政策（消費税、TPPなど＝官邸、各省庁、日銀など）
でも、これらは一体不可分＝総合的な提示が必要
最近は国際的な動きも

説が幅を利かせていたが、次第に下げ幅が大きくなってくると、「何か日本経済に異変が起こっているのではないか」というムードが広がり始めた。バブル崩壊はその後二〇年以上にわたって、ある意味では現在にいたるまで、日本経済に大きな枠をはめた出来事だったのだが、崩れ始めた瞬間を理解し、そしてその後の状況をきちんと予測できた人はほとんどいなかったと思う。

市場は正直だ。経済の方向性を指し示している。それを理解できるかどうかは受け手の問題だろう。時事通信社では市場取材チームが担当している。たとえば東京都中央区兜《かぶと》町の東京証券取引所の中には「兜倶楽部」という記者クラブがある。そこに常駐している市場担当の記者が毎日、株価の動きをフォローしている。「今日は日経平均株価が続伸した」とか「前場では一〇〇円安になったが、後場切り返した」などとリアルタイムに近い形で報じている。

彼らは個別銘柄を含めて日々の株価動向に目を光らせるとともに、エコノミストなどに話を聞き、株価が上昇した理由、あるいは下落した理由を取材し、配信している。もちろんそれらマーケット・アナリストの分析が正しいとは限らないのだが、数多くの関係者の話を聞き、読者の理解を助ける役割を果たしている。

このほかにも、日銀本店近くのビルの一室を借りて、経済部分室という取材拠点を設置。ここには債券や為替を取材するチームが陣取っている。特に債券取材は金利の動きをどう読むかという難しい問題を伴うが、メンバーは日々市場の動きに目を凝らしている。金利の日々の動きは日銀のオペレーションや政策方針に影響されることが多いので、ベテラン記者をキャップに数人が配置されている債券取材チームは、同時に日銀にも取材をかける記者たちでもある。

これら日々の動きが集積して、一カ月、一年の市場動向につながっていくのだが、同時に各省庁や日銀が発表する経済統計も非常に重要だ。これは各省庁の担当記者が取材、執筆するものだが、GDP（国内総生産）や日銀短観（全国企業短期経済観測調査）などは市場の重要な材料となる。通信社としてはいち早く報道するため速報合戦にしのぎを削っている。

少し脱線するが、歴史を紐解けば、通信社は市場の動きをスピーディに伝えるという目的で創設されている。たとえばフランスAFP通信の前身で、一九世紀前半に誕生したアバス通信社は、市況ニュースをいち早く伝えるために、伝書鳩を活用したという逸話が残っている。「正確なニュースを一刻も早く」という通信社精神はその頃から培われているわけだ。

経済報道の対象の二つ目は、企業、消費者、預金者など経済主体の動向だ。たとえば東芝の今期業績が大幅な減益になったとか、三菱商事が海外で大型買収をするといった企業ニュースを想像していただくとよいだろう。経済主体の動きは積もり積もればマクロ経済的な動きになる。たとえ小さなニュースであっても決して疎かにはできない。

特に最近ではGAFA（グーグル、アマゾン、フェイスブック、アップル）と言われるアメリカのIT大企業の動きが注目を集めている。ビッグデータを活用した新たな産業革命の旗手ともてはやされ、二十数年前には考えられないようなネット経済の成長エンジン役を果たしているからだ。各国の政府も個人情報の収集活用という視点だけでなく、租税政策や独占禁止法との関係からも、こうしたIT大企業とどう向き合っていくかが重要な課題になっている。

これらＧＡＦＡを含めて、経済主体の取材については、企業取材班がＩＴ、自動車、電機、商社、化学などの業界全体の動向や個別企業の動きを追いかけている。海外のニュースについては現地の特派員がフォローするが、不足分はロイターやＡＦＰといった提携通信社の配信記事を翻訳して読者に届けるという態勢だ。

三つ目の報道の対象は、今回のメインテーマである経済政策だ。財務省や経済産業省といった主要な経済官庁や日本銀行にはそれぞれ記者クラブがあり、そこに詰めている記者が政策をフォローしている。

アベノミクスに関連して付言するならば、今、私たちが重視しなければいけないのは首相官邸だ。財務省や経済産業省、あるいは厚生労働省などを取材で丹念に回っていても、全体の構図が見えてこないことがある。なぜだろうと思っていると、ある日突然、それまでの取材成果がひっくり返って全体の構図が固まってしまう。そのきっかけが、官邸の指令や安倍晋三首相の国会発言であったりする。現在、経済政策を追いかける上で首相官邸は重要な政策主体になっている。

ジャーナリズムはこうした報道対象を分業体制で追いかけているが、経済現象はそもそも企業、消費者、政府、海外などの経済主体が密接に絡み合って起きるものだ。それゆえ、記者の役割もオーバーラップする。

たとえば先ほど、市場取材の話の中で、債券市場の担当記者は同時に日銀ウォッチャー的な役割をもつと紹介した。彼らの取材範囲はデイリーの債券市況だけではない。その市場に現れた現象、長期金利がマイナスを付けたとか、長短金利が逆転したとかさまざまな出来事があるわけだが、その動向を追うとともに、日銀の企画局や金融市場局などにも取材して、金融政策関連の原稿を書くことも多い。また、たとえば米中の貿易紛争では、ワシントンや北京の特派員が記事を書く。しかし米中貿易紛争が日本の株式市場にも直接影響を与えることになれば、証券市場の担当記者も米中の動向に注意を払わねばならない。

企業の動きが政策に影響を与える場合もあるし、その逆もある。たとえば、アメリカのトランプ政権が自動車貿易に手を加えるかもしれないということになれば、自動車会社はアメリカに拠点を増やす可能性がある。それは、たとえばトヨタとかホンダの個別企業の判断にはなるのだが、経済主体と経済政策、この場合はアメリカのということになり、この二つが絡まり合っている。それぞれの担当記者が渾然一体になってニュースを伝えていると言えるだろう。

さらに、一番目の対象となる経済の体温が下がってきたということになれば、景気対策という経済政策に話は飛ぶのだろうし、消費税率の引き上げをするのかどうかという政策判断につながっていくわけだ。経済記者は私が分類した三つの取材対象すべての動向を常に視野に入れながら仕事をしていると言えるだろう。

経済政策を報道する意味

今日のシンポジウムで私に与えられた役割は、報道現場にいるジャーナリストの視点で政策報道に関する考察を行うことだ。したがって先ほどの分類でいえば、三番目の取材対象、経済政策を報道する意味について考えてみたい。

経済政策は人々の暮らしに直結しているし、予算編成という作業を考えてみても森羅万象に関与している政策だという特徴があるのだろうと思う。ただ、政策報道は経済だけで行われているのではない。外交、防衛・安保、教育などさまざまな分野で政策が展開されているわけで、経済政策を報道することに特有の意味合いがあるとは思われない。従って、これから述べることはジャーナリズム全般にも当てはまることなのだろうと思う。

第一の役割は、「国民の知る権利」に応えるという大原則だろう。政策報道を通じて、国が何を考えているのか、今の政権はどのような方向に舵を切ろうとしているのかなどなど、国民が知りたいと思う事柄について、その目となり耳となって取材し、報道していくことは、やはり憲法原則である「国民の知る権利」の行使者という位置づけなのだろうと考えていいのではないか。

その延長線上として、選挙時の判断材料を有権者に正確に提供していくという任務が考えられる。それが経済政策報道の意義の二番目だろうと思う。増税や減税、金融緩和や引き締め、規制の緩和などの政策一つひとつが、国民生活に重要な影響をおよぼす。そうした経済政策に対して、国民は選挙において一票を投じて意思表示する。たとえばアベノミクスや消費税引き上げに賛成なら与党の自民党や公明党に投票し、反対なら野党に投票する。その政策判断をするときに、誰がどのような政策を発案し、政府、与党、国会などでどのような意見が交わされ、議論の結果はどうなったのかが明らかになっていなければ、有権者も判断の下しようがない。ジャーナリズムはそうした判断材料を正確なニュースとして伝えていく必要性がある。

そして同時に、国民が正しく判断するために、問題点も提起しておかねばならない。なぜならば権力を持つ側は絶えず情報を隠そうとし、本当の狙いをあいまいにするからだ。たとえば、近く開始されるであろう日米間の新しい経済交渉だ。これを政府は「日米物品貿易協定」と呼び、「TAG」(Trade Agreement on Goods)という略称まで用意した。しかし、物品のみならずサービス分野も含めた自由化は普通「自由貿易協定(FTA(Free Trade Agreement))」と呼ばれる。政府は「TAGはFTAではない」と説明しているが、その主張は国際常識としては通用しにくい。つまり世界貿易機関(WTO)のルールなどから考えれば、これはFTAそのものと言える。

なぜ政府がそこまで「FTAではない」と言い張るのか、政府の視線の向こうに今年夏の参院選挙と農業票があるのではないか、など解明するべき点は多い。このような問題点を正確に伝え、政府の意図を明らかにすることも政策報道の大きな意義だろう。

それから、たとえば最近話題になっている統計の不正問題だ。全貌がまだはっきりしないので何とも言えないが、「アベノミクス」の成果を強調したいために統計の不正があったとしたらそれはフェアな行為ではない。これは政策そのものの問題ではなく、アベノミクスという一つの経済政策の成果をはかる物差しの問題だが、ジャーナリズムが「本当は何があったのか」を取材し、提示していくことは、有権者がこの政策を判断する際の材料に

レーガン元大統領
（©ShutterStock/アフロ）

なる。

それから少し大げさになるかもしれないが、その時代や内閣によって経済政策が大きく異なるため、記録して歴史に残すことも経済報道の重要な役割の一つだと思う。

政党政治の基本は「どのような社会を作るのか」という経済政策をめぐるビジョンの提示だ。新自由主義的な路線か、国民福祉重視の路線か。経済政策をめぐる考え方の違いを明確にして、評価し、歴史の記録として残していく。

一九八〇年代のアメリカでは、レーガン大統領の下で自由な経済活動を重視する政策（レーガノミクス）が実施された。

小泉純一郎元首相
（©Yamaguchi Haruyoshi/ゲッティイメージズ）

具体的には「小さな政府」を目指して大胆な規制緩和が行われた。その後、二〇一〇年代のオバマ政権では念願の医療保険制度改革（オバマケア）を実現したが、結果的に財政が急膨張し「大きな政府」となった。

日本では二〇〇〇年代前半の小泉改革は新自由主義的な色彩が強く、規制緩和や郵政民営化が実施された。民主党政権では市場万能主義の代わりに「新しい公共」概念が提唱された。政権奪還後の自民党・安倍晋三政権ではアベノミクスが掲げられた。大胆な金融政策、機動的な財政政策、民間投資を喚起する成長戦略の「三本の矢」によって、デフレ脱却と持続的な景気拡大を日指した。

そういう内外の政策について、ジャーナリズムはきちんと取材し、後世「あのときのあの政策はなぜ採用されたのだろうか」という問いへの答えを探しておく必要がある。

それらの政策を展開する政府は、国会審議などを通じて自らの意図を明らかにできる。しかしそれはあくまでも公定の歴史である。権力者が自分に都合の悪いことを残さないのは古今東西の常だ。従って、ジャーナリズムが権力者による誇大や矮小を排除し、「あるがままの姿」を残しておくことは次世代への責任でもあると考える。

そういう意味で、政策報道について個人的に大きな影響を受けているのはアメリカのジャーナリズムだ。特にボブ・ウッドワードやデビッド・ハルバースタムらの著作群はよく読んだ。『ベスト・アンド・ブライテスト』や『大統領の陰謀』に始まり、『恐怖の男トランプ』に至るまで、彼らの執筆スタイルにはずいぶん影響を受けている。彼らは事実を積み上げ、再構成し、ウォーターゲート事件では何があったのか、なぜホワイトハウスに集う聡明な人々はベトナム戦争に突っ込んでいったのかなどをあぶりだしにしている。

経済政策でいえば、ウッドワードの『大統領執務室』が秀逸だろう。これは選挙戦を "It's the economy, stupid"（「焦点は経済に決まってるじゃないか」）を合言葉にして勝ち抜いたクリントン大統領の姿を描いた作品である。正副大統領や経済閣僚らが集まって金利の動向まで詳しく討議している様子や、旧北米自由貿易協定（NAFTA）関連法の成立を目指した議会工作などを非常にすぐれた取材力と、極力主観を排した描写力で再現している。そして、この作品を読んだアメリカ国民は、クリントンの行った経済政策についてなぜそういう決断をしたのかを理解する。賛否は別としてだ。

同じように影響を受けた日本のジャーナリストとしては、朝日新聞の主筆をつとめた船橋洋一氏をあげたい。今でも現役でご活躍なので、これからの作品にも期待しているのだが、経済政策との関連で言えば一九八五年のプラザ合意を描いた『通貨烈烈』はやはり素晴らしい。猛烈な取材力と、抑制のきいた文章で、日本の転換点となった通貨合意の裏側を、静かに、そして正確にあぶりだしている。プラザ合意でいえば国内的な動きを秀逸な形でまとめた塩田潮氏の『霞が関が震えた日』もすぐれた作品で、講談社ノンフィクション賞を受賞している。

これらのジャーナリストの業績は、国民に対して、政策判断の裏側を示し、為政者の行為の是非を問う時の判断材料を提供しているだけでなく、歴史という長い時間軸の中で政策を評価する時の必読書にもなるだろう。

ところで、アベノミクスについて一つだけ付言すれば、いったいこの政策は何なんだ、ということが非常に分かりにくいという印象をもっている。金融緩和を前面に出しているからかもしれないが、「岩盤規制の打破」と小泉時代の香りをちりばめてみたり、逆に「一億総活躍」とか「子育て無償化」など非常にリベラルっぽい政策も打ち出している。それらのレッテルを貼るだけではなく、事細かにアベノミクスをフォローすることで、「この時代はどんな政策がとられたのか」という一〇年後、二〇年後、いやもっと後かもしれないが、後世の疑問に答えられるようにするところにも、経済政策を報道する意味があるのだろうと思う。時代ごとに経済政策も大きく変化するが、そうした変遷を記録にとどめ歴史に残すことも重要な使命だ。

「ニュースを伝える側」の責任

次に政策を取材対象にする場合の課題について考えてみたい。

まず、経済は「抽象画」ではないということだ。経済記者がニュースを書く場合、浮世離れしてしまうことがある。たとえば日銀の金融政策について記事を書くとしよう。経済記者は量的緩和やマイナス金利政策について一生懸命勉強をする。Ｐｈ．Ｄ．をもっている記者などほとんどいないので理解にも限界があるが、考えてみれば記者は学説の優劣を判定するわけではない。

経済記者は、その先にある一人ひとりの「生身の人間」をイメージしなければならないのだと思う。金融緩和のようなマクロ政策が実施されたとき、「生身の人間」の生活がどう変わるのか、あるいは変わらないのか。そのようなことを頭に置きながら、記事を書かなければならない。政策の対象は中空に浮かんだ抽象物ではなくて、「生身の人間」であるということを常に考えていないといけない。「ニュースを伝える側」の責任がそこに発生する。

もちろん、さまざまな事情を抱える個人を捨象して、抽象化というか平均化というか、そういう作業をしなければ政策立案はできないのだが、ジャーナリズムは違う。

たとえばアベノミクスの成否をめぐって与野党で国会論戦が続いている。その中で株高とか円安とか企業には非常に重要なファクターだけ見て判断するのでは、すべての読者にとって公平な記事とは言えない。なぜなら、そのような資産効果が考察できるのは、企業や富裕層に限られるだろうからだ。株も為替も直接的には関係ない一般庶民は、この政権でいう「好循環」がなければ潤うことはない。利益が法人の内部留保にたまるだけで、賃金として従業員に均霑《きんてん》されなければ、オールジャパンで日本社会の水準が上がっていくことはない。そして、これは経済格差の問題にも結び付いていく。アベノミクスの全体像を描こうとすれば、やはり国民の具体的な姿を念頭においていくべきだろう。なぜなら、われわれはアカデミズムの世界に身を置いているわけではなく、ジャーナリストとして社会や経済を描くことが求められているからだ。

余談になるが、優れた海外報道に贈られるボーン上田賞に、今年は朝日新聞の米国特派員が選ばれたが、この記者はトランプ当選の原動力になったラストベルト地帯に入り込み、個々の生活や考え方に焦点を当てて報告してきた。簡単な作業ではないが、こういう努力がトランプ誕生という日本の常識、いや世界の常識からは考えられないような現象がなぜ生じたのかを立体的に理解させてくれる。日本の経済政策報道にも同じような観点が必要だろう。

政策決定＝合成ベクトル論

経済政策報道の役割をもう一度検証してみよう。

個人的な話で恐縮だが、私は意思決定プロセスの重要性を考えながら取材活動をしてきた。それは説明責任や透明性と関係してくる。たとえば「1＋1＝2」と「0＋2＝2」は、答えは同じでも足し算のプロセスが違う。

政策決定はベクトルの合成に似ている。図表1－2は政策決定のプロセスを図式化したものだ。もちろんすべての政策がこのように単純に決まっているわけではない。ただ、問題意識を単純化してお話するために簡単な図式にした。

aという政策は、実は***b***と***c***が合成して出来上がった合成ベクトルだ。たとえば「導入される消費税増税の形」という政策決定が***a***だとすると、***b***は「軽減税率など採用しないで弱者対策はほかのやり方で対応するべきだ」という意見であり、***c***はたとえば「軽減税率の導入を検討するべきだ」という意見だとしよう。この政策論争は結局、軽減税率導入派が勝利するので、ベクトルは***c***に近いものになる。ベクトル同士は激しく引っ張り合い、その力関係でベクトルの大きさや方向性が決まる。最終的な消費税の姿は、このベクトル***a***に対して、「キャッシュレス社会の到来を踏まえて軽減措置の一貫としてポイント制も併せて実施すべきだ」というベクトル***d***がさらに乗っかってきた結果だとなる。

あるいはもっと直近なら、延期するべきだという意見が***b***で予定通り実施するべきだと

図表1-2　政策決定＝合成ベクトル論

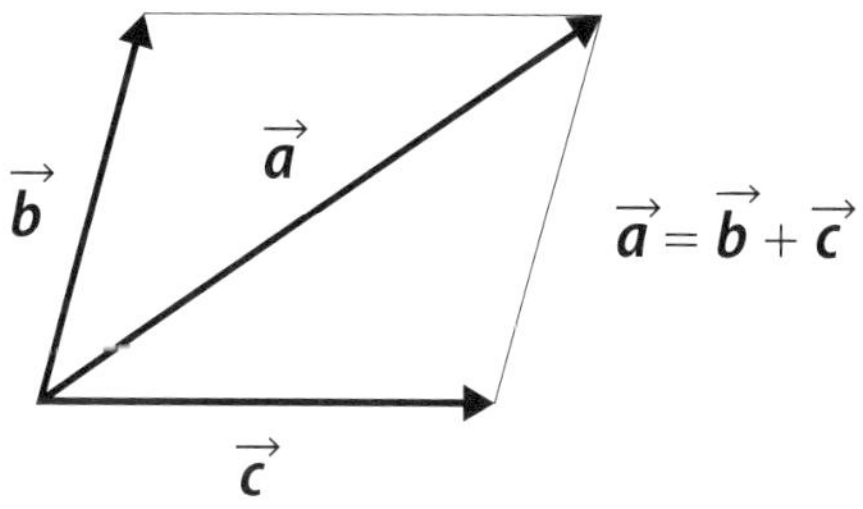

いう意見が***c***かもしれない。そして今年一〇月実施の答えが***a***になるわけだ。この判断は三次元で、景気というベクトル***d***が関与するかもしれない。いずれにせよ、政策決定というのは中空から降ってくるわけではなく、経済政策の場合は利害関係の調整などさまざまな要素の引っ張り合いの結果なのだと思う。今は首相の意思も重要なベクトルの一つだ。

こうした一つひとつの主張が複数のベクトル群となって、政策決定プロセスに影響を及ぼす。このようなベクトルの一つずつを丁寧に解析していくことが、「1＋1」と「0＋2」の差を明らかにすることにつながる。

先ほど軽減税率やTPPの話をしたが、ほとんどすべての政策がこういう形で形成されている。

ところが合成ベクトル***a***の一要素である***b***や***c***も、実は合成できたベクトルだ。ベクトル***b***もベクトル***b'***や***b''***に分解され、さらにこのベクトル***b'***も小さなベクトルに分解されていく。モノ作りの世界にリバースエンジニアリングという手法がある。完成品をどんどん分解していって組み立ての構造や部品の種類や性質を探る方法だ。これに似ている。

経済記者も、経済政策のベクトルを一つひとつ細かく分解して、もう一度テーブルの上に並べてみる。そして、たとえば***b***の力がどれぐらい大きかったのか、***c***がどれぐらい全体に影響を与えたのか。一つひとつ検証していく作業が重要になっている。

私は二〇一八年二月に『官僚たちのアベノミクス――異形の経済政策はいかにして作られたか』（岩波新書）を出版した。この本を書いた動機は、アベノミクスが一体どう始まったかにあった。アベノミクスを***a***とすると、誰が異次元の金融緩和政策の***b***を作ったのか。実はこの***b***も、財務省や日本銀行、あるいは首相の経済アドバイザーの間でのベクトル、つまり力関係を経て出来上がったものだ。そうした政策のベクトルを細かく分解し、解析していくことがジャーナリズムの仕事だろうと思う。そして、それが最終的に「経済政策を報道する意味」のところで触れた「有権者への判断材料の提供」と「歴史の検証に耐えるための準備」という要請に応えることになるのだろうと信じている。

警鐘を鳴らす役割

こうした分析によって何が見えてくるのか。

まず責任の所在だと思う。安倍首相はよく「政治は結果責任」と言うが、政策も同じだろう。「誰がどんなプロセスで」という検証は避けて通れない。それだけでなく、有権者の意思表示の場である選挙で判断材料を提供するという意味でも、責任の明確化という観点から政策の決定過程を明らかにしていくことは大事なことだ。

報道にはもう一つ、警鐘を鳴らす役割がある。「炭鉱のカナリヤ」は、ジャーナリズムではよく使われる言葉だ。炭鉱の坑道に有毒ガスが充満しているかどうか。それを検知するためにカナリヤを一緒に連れて行ったのだそうだ。カナリヤが鳴き始めれば、有毒ガスがある。人々は急いで退去しなければならない。私たちの世代は、というか今でもそうだとは思うが、「ジャーナリストもカナリヤたれ」と教え込まれた。つまり現在の政策への警告的視点からの見方を提供していないと、読者は次に起こることに対して準備ができない。

しかし一九八〇年代後半のバブル期を振り返ると、経済ジャーナリズムがカナリヤの機

図表1-3　東京証券取引所の平均株価の推移

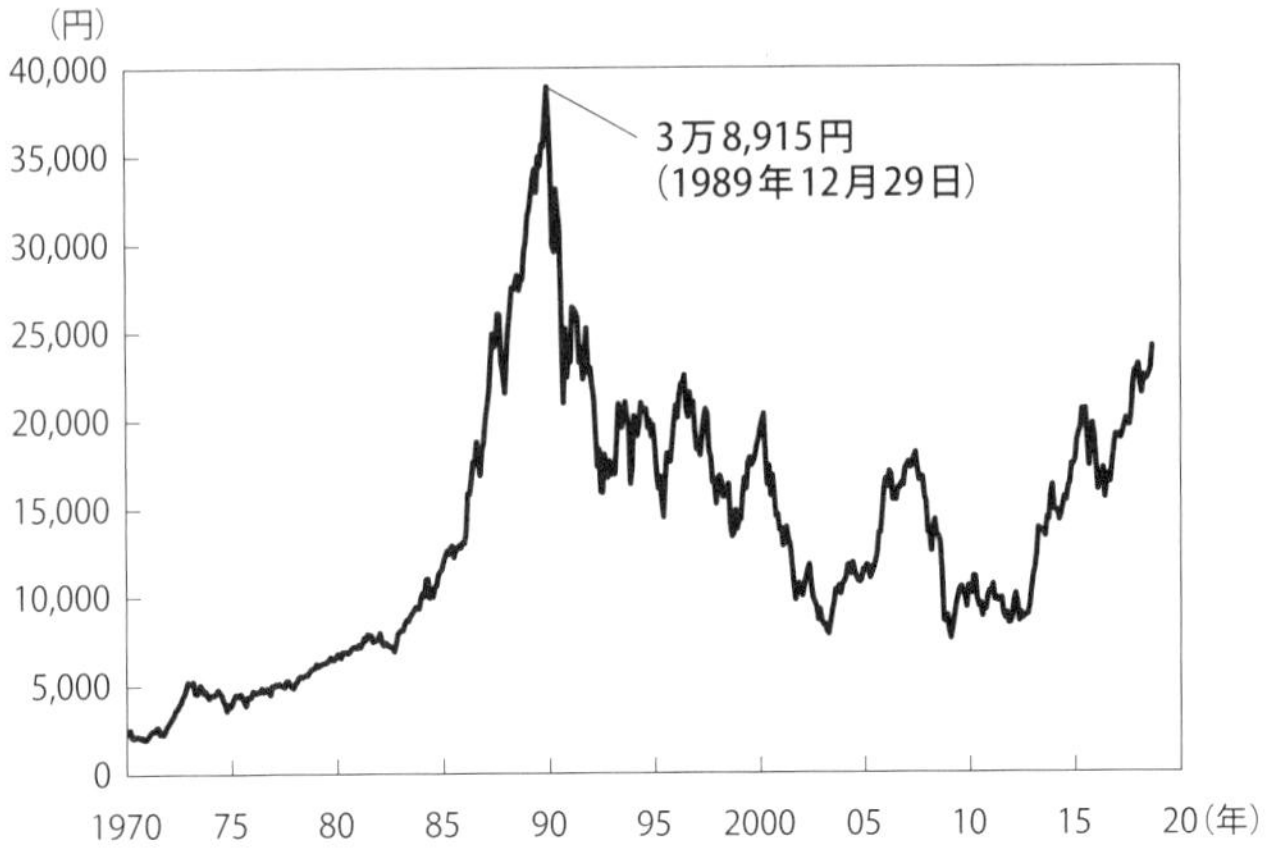

能を十分に果たせたのか、内心忸怩《じくじ》たるものがある。

冒頭でも触れたが、東京証券取引所の平均株価は一九八九年一二月二九日の大納会で三万八九一五円という史上最高値をつけた。その正月休みの新聞の経済面を読むと、日本経済は強い、株価は五万円を超えるかもしれないという声を紹介しているところが結構あった。

結果は周知の通り、翌年の一月四日大発会から株価は崩れ始めた。それから三〇年近くが経った現在でも株価はその高値を超えることができない。ジャーナリズムはそれを見抜けなかった。

しかもバブルを当たり前と信じてしまっ

た。

株価が異常な上昇を続ける、地価が異常な上昇を続けることに対して、Qレシオや東京の国際金融都市化構想など多岐にわたる解説がなされた。その頃の私は勉強不足だったこともあり、つい信じ込んでしまった。

現在、アベノミクスの副作用について、ジャーナリズムはカナリヤになれているのか。これは読者の評価に任せるしかないが、経済報道のジャーナリズムの中で、バブルの教訓はそれなりに受け継がれている。アベノミクス、とりわけ金融政策に関しては警戒を怠っていない。歴史的な金融緩和の副作用に対しカナリヤの役割を果たしている経済記者が何人もいる。たとえばある大手紙の編集委員などは繰り返し日銀政策批判を続けている。当然取材に裏打ちされた言説であるわけだが、この記者に対してはネット上でリフレ派と思しき人々のバッシングが続いた。言論に対しては言論で返せばいいと思うので、実名で論戦を挑むのはまだ有益だとしても、ネット空間で匿名のままこの記者をやり玉にあげ悦に入っている意見を読むと寒々しい思いがする。

記者会見する黒田東彦・日本銀行総裁
（©共同通信社/アマナイメージズ）

権力監視の危機

最後に、権力構造の変化と報道について触れておきたい。

経済だけでなくあらゆる政策は、全体の統治機構の中で決まっていく。そのあり方によって、ジャーナリズムの役割や報道記者の取材の仕方も影響を受けざるをえない。

民主的な国家は、権力を分割して、相互にチェック・アンド・バランスをはかるのが基本。いわゆる三権分立制だ。しかしこのチェック・アンド・バランスの制度は、権力者の目には邪魔に映ることが多い。最近の世界的な潮流は「権力の集中」といえる。

例としてアメリカを考えたい。先進国を見てもこの国ほど三権分立が厳しい国はないと思う。私も駐在記者として前後二回、合計約一〇年の滞在経験があるが、ホワイトハウス、米議会、裁判所の間のチェック・アンド・バランスの厳しさは相当なものがあった。同じ党派、たとえば共和党が大統領と議会の選挙で勝利しても、大統領の公約がそのまま政策になることはまずない。議会は独自の視点から大統領をチェックするし、司法も法律や大統領行政命令について違憲判決をためらわずに出す。

私の在任中にも、ブッシュ・ジュニア大統領が選挙公約として掲げていた「オーナーシップ・ソサエティ（所有者社会）の実現」という政策が議会に無視され、まともな議論のないままお蔵入りした。また大統領行政命令で作った「特別軍事法廷」が最高裁で「議会の立法ではないので憲法違反」と判断された。この特別軍事法廷は当時連呼された「テロとの戦い」の中核的な位置づけだったにもかかわらずだ。しかもそのときの九人の判事のうち七人までがブッシュ氏と同じ共和党の大統領による指名だった。

アメリカ社会にはこのような三権分立に対する信頼が確立していたが、ただ、そのアメリカですら、議会の共和党化・トランプ化が進み、行政府のトランプ大統領と議会の共和党が同質化してしまうのではとの危惧を覚えた。これはトランプ大統領が共和党内で高い

トランプ大統領の記者会見風景
（©NurPhoto/ゲッティイメージズ）

支持率を誇っているからで、二〇一八年の中間選挙に向けライバルの民主党候補と競った戦いを繰り広げていた候補者が相次いでトランプ大統領を遊説に招き、「借り」を作ったことが背景にある。

たとえば、テキサス州の上院議員選挙では、共和党の現職であるテッド・クルーズ候補が民主党の新人に追い上げられていた。クルーズ候補は一六年の大統領選挙の予備選挙でトランプ氏と激しい戦いを展開し、罵り合っていたことがある。しかし、自らの選挙が厳しいものになると分かって以降、トランプ支持に転じ最終的には大統領を遊説に招き壇上で固く握手した。「トランプの軍門に下ったな」と思わせるのに十分だった。これにより、クルーズ候補は上院選で議席維持に成功したのだ。

共和党支持者の間ではトランプ人気は現在も高い。共和党の上下両院の改選議員たちが中間選挙を迎えるにあたり、トランプ人気にすがりたいと思うのは当然と言えなくもない。

今回の中間選挙でも共和党内にクルーズのような議員が多くいたようだ。政治の世界は貸し借りだ。クルーズはトランプに借りができたため、将来、何らかの形で借りを返さなければならない。その他の議員も同じだ。

また大統領による司法攻撃も目立つ。自らが公約の一丁目一番地に掲げる移民政策に対して厳しい判断を下す判事を「オバマの裁判官」と批判したのだ。大統領が個別の裁判官をやり玉にあげるなどというのは前代未聞だ。これに対しては最高裁のロバーツ長官が「独立した司法は、われわれすべてが感謝すべきものだ」「オバマ判事もトランプ判事もいない」と異例の反論を展開した。

この先、アメリカの三権分立も試練を迎えるのではないかと心配されたが、さすがに天の配剤というべきか、二〇一八年の中間選挙で共和党は議会下院の過半数を失った。

その結果、アメリカでは再びチェック・アンド・バランスの機能が復活した。メキシコとの国境で壁を作るトランプの予算案は民主党支配の議会下院で否決された。このように三権分立の危機は「権力監視」の危機でもあった。

「事実」を突きつけ検証する

では、議院内閣制の日本においては権力の監視は機能しているのだろうか。

一九九〇年代後半の行政改革で内閣法が改正され、官邸の力が強くなった。自民党では小選挙区制が導入されて以降、人事と金が党執行部に集中するようになった。派閥も形骸化してきた。

かつての自民党であれば、宏池会（岸田派に継承）や清和会（安倍首相の出身派閥）など派閥によって掲げる経済政策が異なり、相互に牽制し合うことで、擬似的なチェック・アンド・バランスが成立していた。ところが現在では、よほどのことがない限り、派閥が執行部に対してものを申すことはない。

それからもう一つ、野党が非力なことである。権力へのチェック機能がうまく働いていない。審議の時間が短いとか、国会軽視とか言われているが、法案は次々と成立する。かつてであれば、二国会、三国会またいで採決に至るような法案が、今では一国会だけで箇

衆院本会議での安倍首相
（©日刊現代/アフロ）

単に成立してしまう。議院内閣制をとる日本で、チェック・アンド・バランスが危機的状況に瀕している反映だ。国会軽視は民主主義の危機である。

こうした構造変化の中で、ジャーナリズムの役割を再認識する必要がある。

つまり、有権者以外に権力を監視できるのは、野党とジャーナリズムだ。野党が非力なのであれば、ジャーナリズムが機能しなければならない。

それでは、どう政策を報道していくのがよいか。論説欄などで声を張り上げて主張するのも一つの柱だが、効果的なのはファクト・チェックだ。一つひとつ「事実」を突きつけて、立案プロセスを検証していくことが、権力の監視の役割を果たすことになる。

その好例が二〇一八年、日本新聞協会賞を受賞した朝日新聞による「森友学園問題での財務省公文書改ざん」のスクープだろう。おそらく情報の端緒をつかんでから紙面化するまでには気の遠くなるような裏付け作業があったと思われるが、取材班の粘り強い努力で、永遠に闇に埋もれたかもしれない事実があぶりだされた。これは事実探求を重視するジャーナリズムのお手本のような仕事だろう。これによって財務省という権力の中枢で行われた不正が国民の知るところとなったのだから。

アメリカ映画ではメディアと権力の対峙がよく描かれる。一昔前の『大統領の陰謀』には、ワシントン・ポスト紙のボブ・ウッドワード、カール・バーンスタインという二人の若い記者を、ベン・ブラッドリー編集主幹がこういって励ますシーンがでてくる。

「疲れているだろうな。でも家に帰ってシャワーを浴びて一五分休んだら仕事に戻れ。守るべきは報道の自由だ。国の将来だ」

「報道の権利を擁護する唯一の方法は、報道することだ。われわれは権力を監視しなければならない。われわれが説明責任を問わなければ、一体誰が問うのだ」

また昨年公開されて話題になった映画『ペンタゴン・ペーパーズ』のクライマックスシー

ンでは一九七一年の米最高裁判決ブラック判事意見（多数意見）が高らかに読み上げられる。「報道機関は国民に仕えるものであり、政権や政治家に仕えるものではない。（中略）制限を受けない自由な報道のみが、政府の偽りを効果的に暴くことができる」

三権分立の危機が先進国を襲う中、こういう場合にこそメディアが本来の機能を存分に発揮し、権力チェックの役割を果たしていくことが求められている。それは、アベノミクスや消費税、通商政策などを扱う経済政策報道でもまったく同じだ。正確なファクトを武器に自らの取材成果を世に問うことのみに、われわれの存在意義があると言えるだろう。

講演2

財政金融政策における裁量と規律

――財政民主主義の視点から黒田日銀の量的緩和政策を検証する――

諸富　徹

日本銀行（以下「日銀」と略記）が行っている量的緩和政策については、現時点でもさまざまな評価がある。たとえば、「景気は拡大を続けており、失業率も低い」「労働需給が逼迫する中で賃金も上がってきている」というプラスの評価がある一方、「政策目標である二％の物価上昇率が一向に達成されていない」という否定的な評価もある。ただ若い世代では、生まれてから安倍政権になってようやく就職状況が改善、安定してきたという見方が優勢で、自民党政権への支持が増えているという調査結果もある。

しかし、アベノミクス、とりわけその第一の柱である日銀の量的緩和政策は、本当に成功していると言えるのか。また、それが実は目に見えない形で、さまざまな意味での問題を発生させているのではないか。こうしたことを検証してみようというのが本講演の趣旨である。経済学では、目に見えにくいものをデータと統計分析を通じて見えるようにしていくことが大切である。

キーワードは財政民主主義

まず、筆者の問題意識を明らかにしておくことにしよう。それは、日銀の金融政策、とりわけ現在の量的緩和政策を「財政民主主義」という視点から見るとどうなるのかということである。日銀は、量的緩和というわれわれの生活に大きな影響を及ぼす政策を決定・実行しているにもかかわらず、それが民主主義的なチェック・アンド・バランスの外に置かれているのではないかという疑いが存在しているのである。

そこでキーワードである「財政民主主義」という言葉について少し説明しておこう。筆者の専門は財政学で、とりわけ租税論である。国家の財政の根幹をまかなっているのが税であるのは言うまでもない。財政学でも租税論というのは大きな比重を占めている。

近代国家は西欧で市民革命によって生まれた。近代国家の成立過程を見てみると、税と民主主義とがその出発点から根本的なかかわりを持っていることがわかる。

市民革命のきっかけは、当時の絶対王政が膨張する軍事費や官僚制を維持する経費を捻出するために王室財産収入だけでは足りなくなってしまい、市民に課税しようとしたことにあった。絶対王政から同意もなく一方的に課税されることに反発した市民が、王政に対し叛旗《はんき》を翻して立ち上がったことが市民革命へと発展した。イギリスの場合もフランスの場合も、王がしぶしぶ議会を開催して課税への同意を求めたところ、その議会から反抗の烽火《のろし》が上がったのである。革命の舞台となった議会とは、イギリスの場合は「長期議会」、

予算の審議は近代国家の議会にとって最も重要な仕事である
（©毎日新聞社/アフロ）

フランスの場合は「三部会」である。結局、絶対主義王政は打ち倒され、市民革命によって新しい近代市民国家が生み出された。近代国家では絶対王政期の反省から、市民は、国家に「同意なしに課税されない」ことを認めさせた（租税協賛権）。それまでは、君主が課税したいと考えたときに一方的に臨時の議会を招集していたが、これ以降、恒久的かつ定期的な議会開催を君主に認めさせた。

議会は、課税に同意を与えるか否かを判断するにあたって、もちろんその税収が何に使われるのかという点に関する情報を必要とする。そこで議会は、収入と支出をまとめて「予算」として審議し、それに基づいて国家の財政活動への定期的なコントロールと監視を確立することが民主主義の根幹となった。これが、近代議会制度が成立することになったプロセスである。したがって近代国家の議会にとって予算を審議することは、最も本質的で重要な仕事の一つである。そうしたわけで、予算は財政、および財政資源を持つ国家に対して、市民社会が民主主義的なコントロールを効かせるための手段とみなすことができる。すなわち、議会という場で、市民社会が予算を通じて国家の活動をコントロールすることが「財政民主主義」なのである。

「財政民主主義」の外に置かれる日銀の金融政策

財政学においては——本講演では特に予算論を中心に話を進めるが——、重要な論点の一つに民主主義がある。財政とは公共にかかわる問題である。経済学と財政学における市場分析との大きな違いは、前者の「市場における決定」では、価格メカニズムを通じて企業や消費者が分権的に意思決定し行動していく中で、社会システム全体によって均衡が達成されていくのであるが、後者は、予算が国会の議決で決まることを見てもわかるように結局は政治というプロセスに依存している点にある。だから予算決定というプロセスにおいては、民主主義が重要になってくる。予算が民主主義的な原則に基づいて決定されるように憲法や法律が作られ、また、予算原則などの規範が定められている。これらは憲法における三権分立と同様、チェック・アンド・バランスを有効に機能させるための仕組みであり、財政民主主義にとって本質的に重要なことである。

ところが日銀の量的緩和政策では、市民革命によって近代国家が始まってから歴史的に蓄積されてきた財政民主主義のプロセスを飛び越えるような財政資金の流れができてしまった。なぜなら、現在、量的緩和のために行われている、日銀による国債の大量購入は、国家の歳入の調達手段として租税と並ぶ重要な柱となってしまっているからだ。財政資金の国債による調達――これを「国債ファイナンス」と呼ぶことにしよう――は、租税による調達――これを「租税ファイナンス」と呼ぼう――と比較すれば、財政民主主義によるコントロールも透明性もはるかに小さい。

たとえば予算であれば、政府から提出される予算表の中に予算総額、歳出規模、歳入の見通し、あるいはどこにどれだけの財政資金が配分されるのかといった重要な情報が議会や国民に開示され、マスメディアによって報道される。そこで国民は予算の内容を詳しく知ることができる。ところが日銀の金融政策となると、どこから資金がやって来てどこへ

日銀による国債の大量購入は財政民主主義を掘り崩しかねない
（©kash*/PIXTA（ピクスタ））

行くのか、それがマクロ経済的にどんなインパクトを与え、私たちの生活に具体的にどんな影響が出てくるのかは専門家による分析や解析を経ないとわからない。

また、政府の財政資金の調達では、租税ファイナンスに比べて国債ファイナンスという方法では、議論の真剣さの度合いがはるかに低下する。これはマスメディアの報道ぶりについても同様だ。国民は、自分たちの負担（痛み）がただちに発生するような問題だと大きな関心を持って注目する。しかし、たとえば「日本の国債残高が第二次世界大戦以降最高の水準に達した」などという事実の報道があっても、その多くはあまり関心を持たず、注目しない。読者はこうした記事を読んでも、今すぐ自分たちの負担増につながるわけではないことを知っている。したがって消費増税の問題と比べても、明らかに彼らの関心は低い。こうしてメディアによる国債ファイナンスの実情、その問題点に対する迫り方も、おのずと大人しいものになりがちである。こうした国民の意識のあり方は、議会での議論の真剣度にも影響している。したがって政策を運営している側からすれば、財政を国債に頼るのは容易な道である。国民に痛みが生じる増税を、有権者を説得し、納得させ、実現するより、日銀の国債ファイナンスに頼るほうがずっと楽で安易なのである。

こうした理由により、租税ファイナンスと比べ国債ファイナンスに大幅に依存することは、財政民主主義を掘り崩す恐れがある。現在の日銀の量的緩和政策は、伝統的な金融政策の枠組みには入りきらない、財政政策の一つの手段と化してしまっていると見るべきである。

急激に増大した日銀の国債保有残高

第二次安倍晋三政権が成立し、アベノミクスが開始されてから、日銀は国債を市場から

図表2-1　国債ファイナンスの現状（残高）

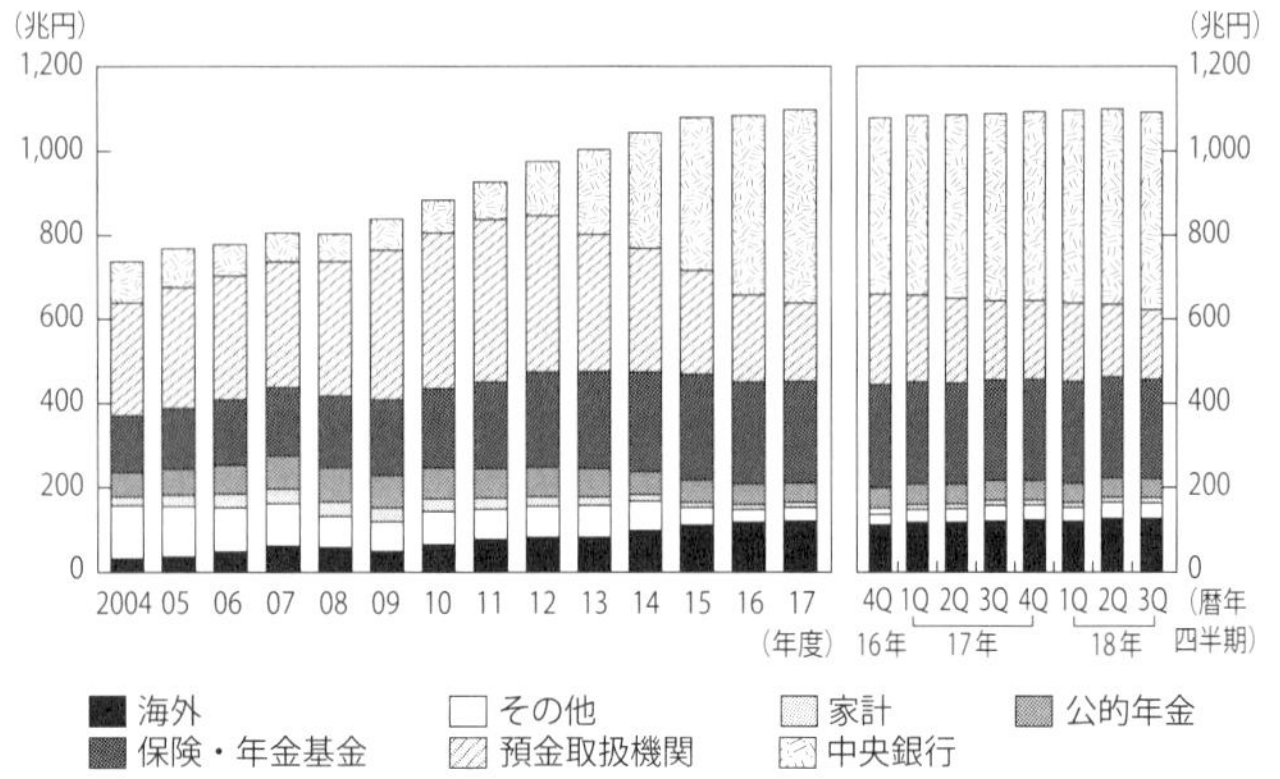

（出所）日本銀行調査統計局「参考図表2018年第3四半期の資金循環（速報）」2018年12月21日

図表2-2　国債ファイナンスの現状（構成比）

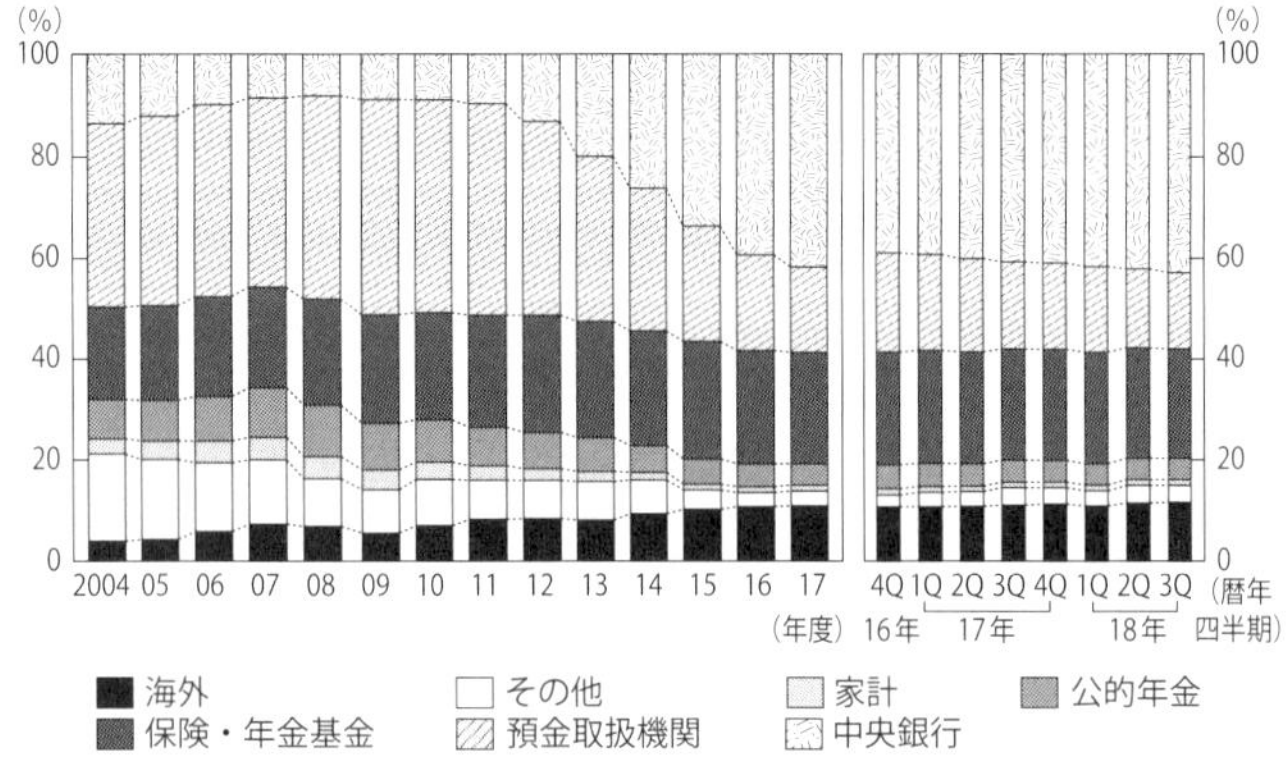

（出所）日本銀行調査統計局「参考図表2018年第3四半期の資金循環（速報）」2018年12月21日

図表2-3　国債の保有者別内訳（2018年6月末）

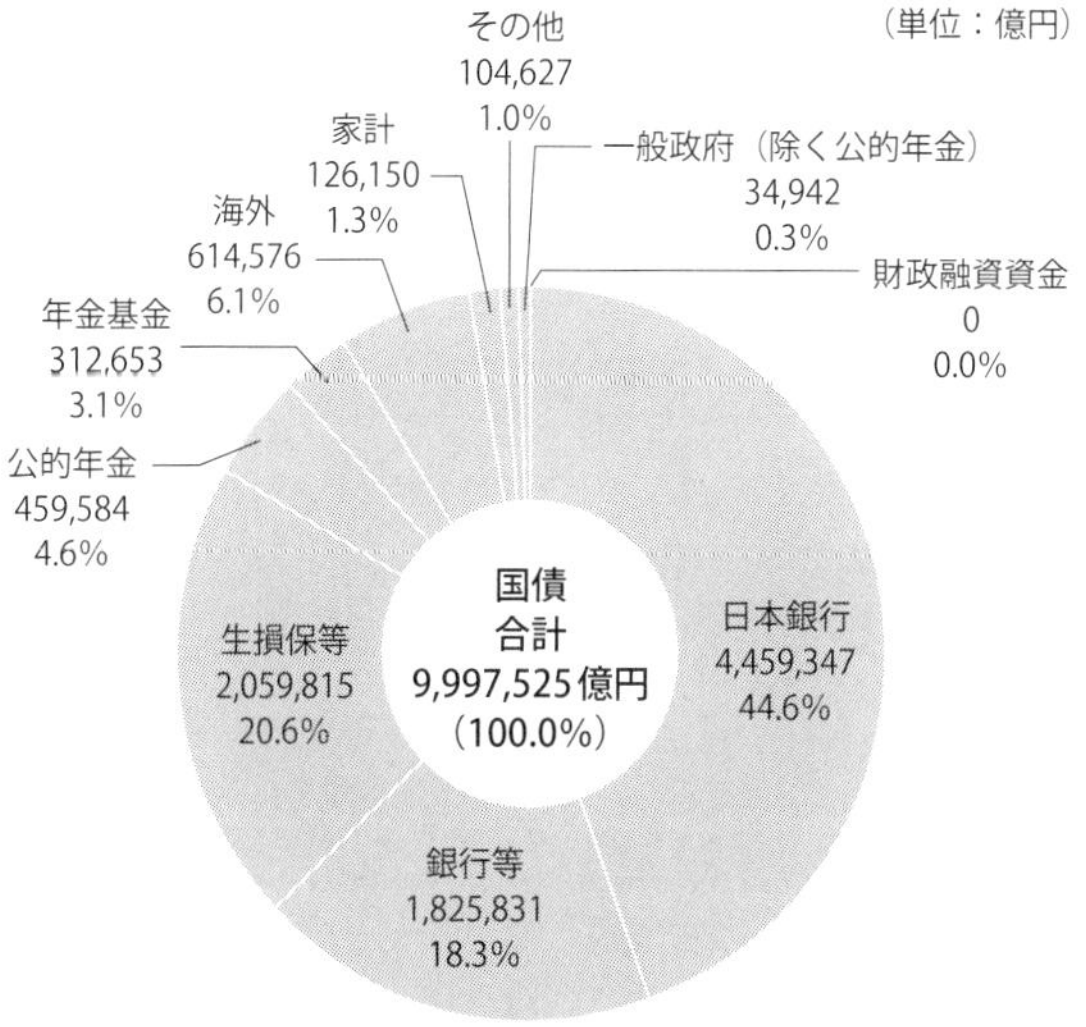

（出所）財務省HP

大量に購入するようになった。

その残高の金額が図表2－1に示してある。グラフの中に「中央銀行」と書かれているのが日銀だが、国債の保有残高をどんどん増やしていったプロセスがよく見て取れる。図表2－2は、国債の発行残高を一〇〇％としたときの、保有者別の比率を示している。日銀の保有比率は二〇一七年でほぼ四割を占めている。

次に、国債残高の保有者別の金額と比率を円グラフにしてみたのが図表2－3だ。これは財務省資料だが、二〇一八年六月末時点で、実に約四五％を日銀が保有するところまで来ている。アベノミクスの開始以前は、日銀の国債保有比率は現在の「銀行等」という部分と同じ程度だった。両者が約五年を経て完全に逆転したのである。

同じく財務省のホームページに掲載されている財政関係資料の図表2－4を見ると、歳入の三分の一が国債によるものであることが示されている。学生にこれを見せると、これほどまでに日本の財政が国債に依存しているのかと彼らは驚く。一方、税金の比率は三分の二もない。こうした状態を長らく積み重ねてきた結果が現在の国債残高なのである。

それから、歳出全体に占める国債費の割合を図表2－5で見てみよう。国債費が歳出全体のほぼ四分の一を占めているが、実は、金利が低いおかげで、この程度の額の利払い費で済んでいるのである。しかし、金利上昇の局面に入れば、国債費は顕著に増大していくことになる。国債費が一般の政策経費を大きく圧迫し、日本は財政危機に陥るであろう。

以上の財政状況は、今や日本財政が日銀による国債ファイナンスなしには成立しえない状況になっていることを物語っている。上述のように、歳入の三分の一が国債発行によってまかなわれており、そのうち多くの割合が日銀によって買い支えられている。仮に日銀がこれ以上の国債購入を拒否すれば、日本政府は資金が枯渇し、政府活動の停止に追い込ま

図表2-4　一般会計歳入予算（平成30年度）

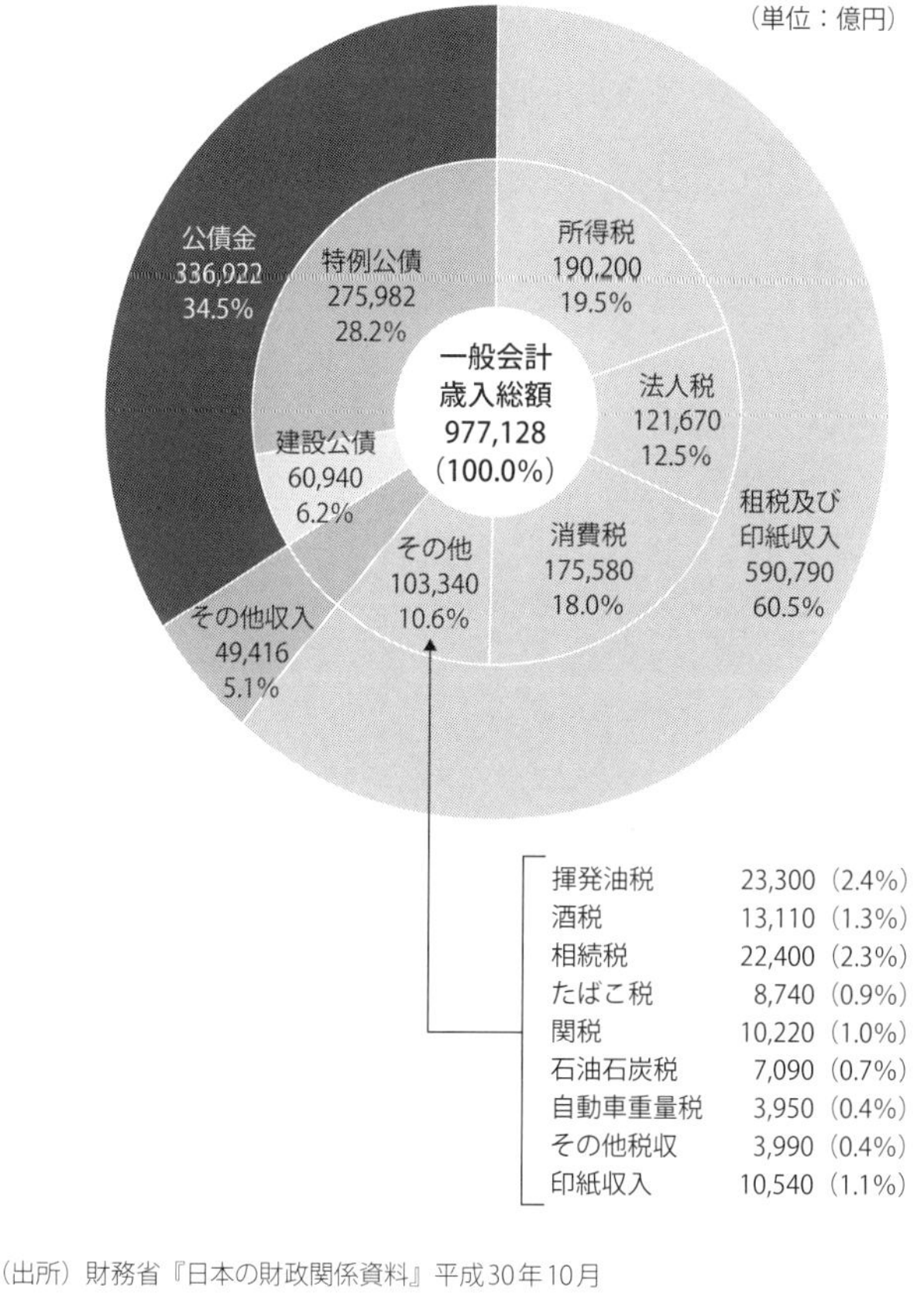

（出所）財務省『日本の財政関係資料』平成30年10月

図表2–5　一般会計歳出予算（平成30年度）

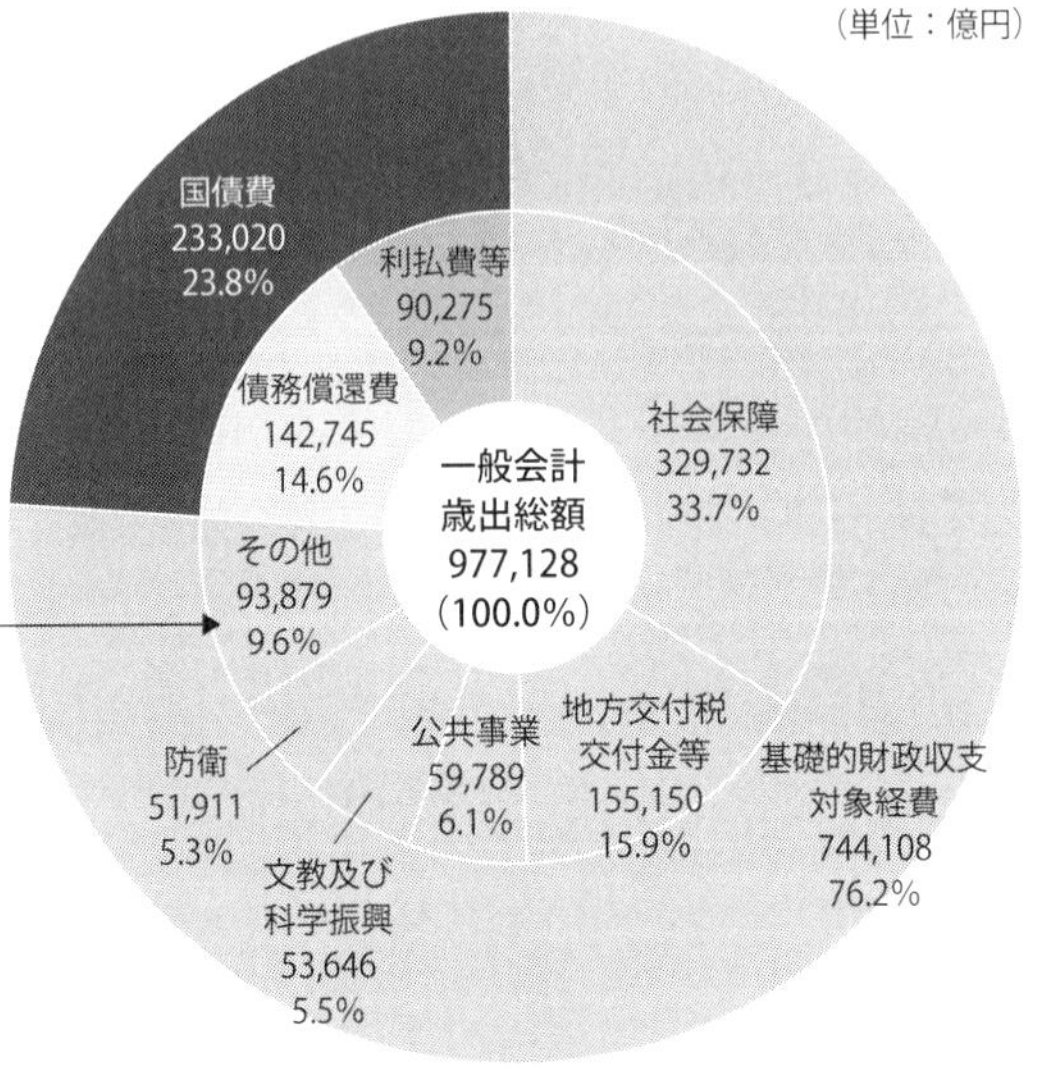

食料安定供給	9,924	（1.0%）
エネルギー対策	9,186	（0.9%）
経済協力	5,089	（0.5%）
恩給	2,504	（0.3%）
中小企業対策	1,771	（0.2%）
その他の事項経費	61,904	（6.3%）
予備費	3,500	（0.4%）

※「基礎的財政収支対象経費」とは、歳出のうち国債費を除いた経費のこと。当年度の政策的経費を表す指標
※「一般歳出」（＝「基礎的財政収支対象経費」から「地方交付税交付金等」を除いたもの）は、588,958（60.3%）。うち社会保障関係費は約56.0%。
（出所）財務省『日本の財政関係資料』平成30年10月

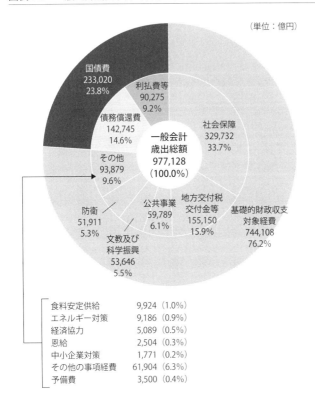

れることになる。まさに、日銀による国債ファイナンスは「日本財政の生命線」だと言える。

「中央銀行の独立性」という考え方

ここで私たちは、難しい問題に突き当たる。これまで述べてきたように、日本財政が国債ファイナンスへの依存度を高めれば高めるほど、それは議会やメディア（そしてその背後にいる国民）による、財政活動への厳しい監視やチェック・アンド・バランスを回避できるという効果を持つ。これは財政民主主義上、由々しき事態である。これは、財政支出に対する民主主義的統制の弱体化につながるため、租税ファイナンス下に比べて、国債ファイナンス下では一般的に、財政が弛緩する傾向があるとの指摘がなされている。今の日本の状況は、まさにこの指摘が当てはまる状況にあると言えよう。

国債ファイナンスへの依存度の高まりは、別の問題を引き起こす。日銀の「財政従属(Fiscal Dominance)」がそれである。財政従属とは、政府の国債発行残高が拡大し、財政支出に占める「国債費」の占める比率が今の日本のように無視できない水準に達するようになると生じる状況を指す。国債費とは、国債の「元本＋金利」の支払費用なので、金利の上昇は国債費の著増に直結し、その上昇幅によっては、財政危機や財政破綻をもたらしうる。こうした事態を恐れる日銀は、金利を引き上げることが事実上できなくなり、もっぱら低金利を維持することによって財政破綻を回避する役割を政府の側から求められるようになる。日銀はこれに応えようとして、あらゆる手段を用いて低金利状態を維持する。これが、「金融抑圧（Financial Repression）」と呼ばれる状況である。日銀は、金融抑圧の手法を使ってでも低金利状態を維持し、政府の財政破綻を回避すべく奉仕する、それが「財政従属」である。この段階に至ると、日銀は完全に自律性を失い、金融政策も自由度を失って政府に従属することになる。これは、「いつか来た道」ではなかったか。かつてと異なるのは、政府に強制されてではなく、日銀が自発的に進んでこうした状態に入ろうとする点であろう。

だが財政従属の状態が生じると、財政規律は完全に失われ、財政破綻が生じた場合の負担は結局、国民が負うことになる。国債ファイナンスで、財政の民主主義的な統制が緩められたツケは、国民自身に回ってくるのである。

以上のような事態を回避するために提唱されたのが、「中央銀行の独立性」という制度的工夫である。これは、「中央銀行の政策決定は、金融政策に関する専門家が政治から独立した形で行うべきだ」という考え方である。政府、あるいは政治からの独立性を保持することで日銀が自律性を保ち、ひいては金融政策の自由度を確保することで政府の財政政策に対するチェック・アンド・バランスが働き、究極的には国民福祉の最大化につながるという思想が背景にはある。

しかし中央銀行の独立性を高めることは、別の悩ましい問題を引き起こす。つまり政府／政治の手から中央銀行が離れ、専門家による統治に服することは、反面で民主主義的な統制から遠ざかることを意味しないだろうか。ここには、「財政民主主義」と「中央銀行の独立性」の関係はどうあるべきか、という根源的な問いが存在している。

日銀の量的緩和政策は、税の場合のように明示されず、予算のように国会で議論されることもないために理解しにくいが、直接的、間接的に国民の負担としてのしかかってくる可能性を持っている。たとえば、日銀による現在の低金利政策は、借金を負って操業する企業には有利だが、預金者や金融機関にとってはえられたはずの金利収入を失うという意味で大きな損失となる。実際、地方銀行は低金利下で経営的に追いこまれている。また、低金利は為替レートを事実上、円安に誘導するのに好都合である。これによって輸出企業は潤うが、輸入企業は輸入物価の上昇を価格に転嫁せざるをえない。それは、さまざまな製品・サービス価格の上昇を通じて私たちの生活に影響をもたらす。さらに、日銀は量的緩和政策の下で国債だけでなく株式も大量に購入している。これらは、国債や株式などの資産を保有する人々の資産価値維持、あるいはその向上に寄与する。こうした資産を多く保有する人々とは富裕層であり、実は日銀の量的緩和政策は、富裕層の富を増大させる効果を持つ点で「逆進的」な帰結をもたらしている可能性がある。ただ、これは租税のように負担が目に見えず、経済分析を行わなければ定量化できないために、その影響が人々に感知されにくいという特徴を持っている。予算であれば、その経済的影響が議会をはじめ公論に付されるべきところ、日銀の政策であれば、その経済的影響が目に見えにくいために、公論に付されることはないというのは問題である。

これは、単なる経済問題ではなく、財政・金融政策とはいったい誰のためにあるのか、それが公共性とどのようにかかわってくるのか、という問題でもある。それにもかかわらず、これらの一連の問題については、黒田総裁をはじめ、日銀は正面から議論することを避けてきた。たとえ現在の状況は平穏であっても、量的緩和政策が潜在的に大きなショックをもたらす可能性を持っていることについて、真剣な公共的論議が起きていないのは、財政民主主義の観点から見て問題が大きい。そうした意味で、現在の日銀の金融政策は、金融専門家の中で議論されるのだけではまったく不十分であり、財政民主主義の観点から予算と同じように国会で広くかつ深く議論されなければならない。

もし問題が、租税、たとえば消費税率引き上げの話であれば、八%から一〇%という「わずか」二%ポイントの税率引き上げでも数年越しの大騒ぎになる。実際、想定される消費税増税の副作用を抑えるため、さまざまな対策が検討され、実行に移される予定である。ところが、量的緩和という金融政策では、財政政策と同じように国民の経済生活に大きな影響が出てくるにもかかわらず、十分な検討や対策の議論が行われない。ここには、著しい非対称性が存在している。

こうなる背景としては二つの要素が考えられる。

一つは、先ほど触れた「中央銀行の独立性」という考え方だ。すなわち、財政民主主義という考え方とは対照的に、日銀の意思決定プロセスを財政民主主義の埒外に置くことが最初から当然視、あるいは正当化されているため、それがもたらす所得分配上の影響について公論に付す機会が、制度的に除外されているという問題がある。

もう一つは、金融政策も確かに一定程度は国会で議論にはなるのだが、予算審議がテレビで中継される予算委員会で、衆人環視のもと、厳しい議論にさらされる（実際には、予算の中身よりスキャンダルの追及に重点が置かれることも多いが）のとは異なり、有権者の関心や議員の真剣度などの差で、議論の質と量に大きな差があり、その結果、民主主義的なコントロールが、税の問題に比べてはるかに効かないという点を指摘できる。

ここで「中央銀行の独立性」について少し説明しておこう。

一九八〇年代以降、国際的に中央銀行について「独立性の強化が望ましい」とのコンセンサスが形成されてきた。このため、日本でも日銀の独立性強化の必要性が強く叫ばれるようになり、一九九七年に旧日銀法が全面的に改正された。

それまでの旧日銀法は、一九四二年に全面的に改正された戦時立法の性格の強い法律であり、第一条に「日本銀行ハ国家経済総力ノ適切ナル発揮ヲ図ル為国家ノ政策ニ即シ通貨ノ調節、金融ノ調整及信用制度ノ保持育成ニ任ズルヲ以テ目的トス」とあるように、日銀を「総力戦」という国家目標に組み込み、それに奉仕させるための法律だった。

一九九七年に改正された新しい日銀法では、旧法に比較して独立性が大幅に強化された。具体的に見てみよう。

第一に、「物価の安定」と「金融システムの安定」という日銀の存立の目的が条文に明記され、第二に、政策委員会を最高意思決定機関として位置づけ、政府代表委員は議決権限を失った。また、政策委員会の審議委員、総裁ほか日銀役員の立場が強化されたこれらの役職は、国会の同意を経て内閣が任命し、特別の事情を除いては「在任中その意に反して解任されることがない」と明記された。また一方、この「独立性」は「透明性」と一体でなければならないことも強調され、政策委員会の議事概要の速やかな公表や議事録の相当期間（一〇年）後の公表が日銀に義務づけられた。

ちなみに、こうした「中央銀行の独立性」という考え方が生まれた背景には、多くの国で、政府が戦費調達や景気テコ入れのために中央銀行に際限なく通貨を増発させた結果、悪性のインフレが発生して国民が苦しんだ苦い経験が存在する。

「目標決定の独立性」と「手段決定の独立性」

しかし、独立性と言っても、無限定・無制限のものではない。アメリカ連邦準備制度理事会（ＦＲＢ）副議長であったアラン・ブラインダーが一九九六年に示した「中央銀行の独立性」への理解は、中央銀行の独立性と民主主義の関係をどのように考えるべきかという点で、多くの示唆を与えてくれる。その内容は具体的には、次のようなものである。

アラン・ブラインダー（1945年〜）
（©Bloomberg/ゲッティイメージズ）

中央銀行の独立性は、「目標決定の独立性」と「手段決定の独立性」に分けられる。中央銀行に付与されるのは、後者に限定されるのであって、前者は、民主主義的に選出された国民代表が決定する。中央銀行は、与えられた目標を達成するための手段選択についての自由を与えられる。そのために中央銀行の独立性が必要であるが、その代わり国民は中央銀行に対して「正直さ」を期待する権利がある。また、中央銀行の行動と決定が民主的な正当性を持つためには、自らの行動について説明責任を持ち、政策決定プロセスの透明性を確保しなければならない。

このような中央銀行の独立性への理解は

国際的にも標準的なものと考えられている。また、中央銀行が手段決定の独立性を持つといっても、それは無条件で与えられるわけではなく、常に国民に対する説明責任と透明性の確保を要求されている。中央銀行は自らの行動を国民に対して首尾一貫した形で説明し、その決定過程を透明化しなければならないのであって、こうしたことが「中央銀行の独立性」を正当化し、ひいては政策効果を高めることになるのである。

中央銀行の独立性の強化は、一九八〇年代以降、先進国で普遍的にみられた傾向だが、これは各国が経験した歴史的・制度的な文脈にも強い影響を受けている。たとえばドイツでは、二〇世紀の二つの世界大戦の間の期間におけるハイパー・インフレーションの記憶と強く結びついている。

また、中央銀行の独立性論議には、わが国にも固有の歴史的背景が存在する。それは、第一に、一九八〇年代に金利、金融業務、資金流通の自由化、いわゆる金融自由化が進展し、民間金融機関の大胆な改革が進行していったこと、第二に、かつて日銀の独立性が弱かったために、わが国の経済を誤った方向に導いてしまったという反省が起きてきていたことである。たとえば一九八五年のプラザ合意以降、日銀は急激に進行した円高による不況への対策を求める政府の圧力によって、公定歩合の相次ぐ引き下げを行ったが、それが原因でマネーサプライの過剰を招き、地価や株価の異常な高騰を引き起こすバブルを発生させた反省が共有されていた。

さらには、かつて日銀が完全に政府に従属していたころの、苦い歴史的教訓もある。一九三〇年代初頭の高橋是清財政以降、日銀は国債を直接引き受けるようになり、大規模な金融緩和を行った。この政策は一時、成功を収めたように見えたが、戦局の拡大、軍事費の拡大から財政の膨張に歯止めがかからず、結局は激しいインフレを引き起こすことになった。戦後、預金封鎖や新円切り替え、さらには「ドッジライン」と呼ばれるデフレ政策によって、インフレはようやく終息した。このように、かつて中央銀行が政府によって完全に従属させられた結果、国民経済が大きな打撃を受けたのであるが、こうした苦い歴史的教訓が「中央銀行の独立性」の考え方の中に脈々と生きているのである。

黒田総裁下の日銀の金融政策と「中央銀行の独立性」

以上のような「中央銀行の独立性」をめぐる議論に照らして、日銀の量的緩和政策は、どのように評価できるのだろうか。

量的緩和政策を打ち出したのは、現在の黒田東彦総裁の下の日銀だが、黒田日銀が新たな政策を打ち出す際に見せる際立った特徴は、市場の予想を大きく上回る緩和策を打ち出すことによって市場に驚きを巻き起こし、政策効果を最大限高めようとする「サプライズ」戦略にある。これを時系列に沿って見ていくことにしよう。

黒田総裁は就任以来、三回の「サプライズ」を仕掛けている。

第一回目は、二〇一三年四月四日の量的緩和政策第一弾。この日、金融政策決定会合で決定された緩和策は、市場予想を上回る大胆なものであったため、同日午後の東京市場でサプライズが広がり、一気に円安・株高・債券高が加速した。

第二回目は、翌二〇一四年一〇月三一日の量的緩和政策第二弾だ。この時も第一弾と同等、あるいはそれ以上のサプライズが起こった。黒田総裁は、それまで量的緩和政策第一弾について「日本経済は順調に物価安定の目標達成に向けて歩んでいる」と強気の説明を繰り返していた。市場では、日銀が追加緩和政策に踏み切ることはないとの観測が広がっていた。まさにその時に、黒田日銀は市場予想の裏をかく形で追加緩和に踏み切ったのである。想定外の事態に慌てた市場は、混乱の中で極端な反応を示した。同日、日経平均株価は暴騰し、七年ぶりの高値を更新した。世界の株式市場を一回りした週明けの一一月四

図表2-6　株価と為替の推移

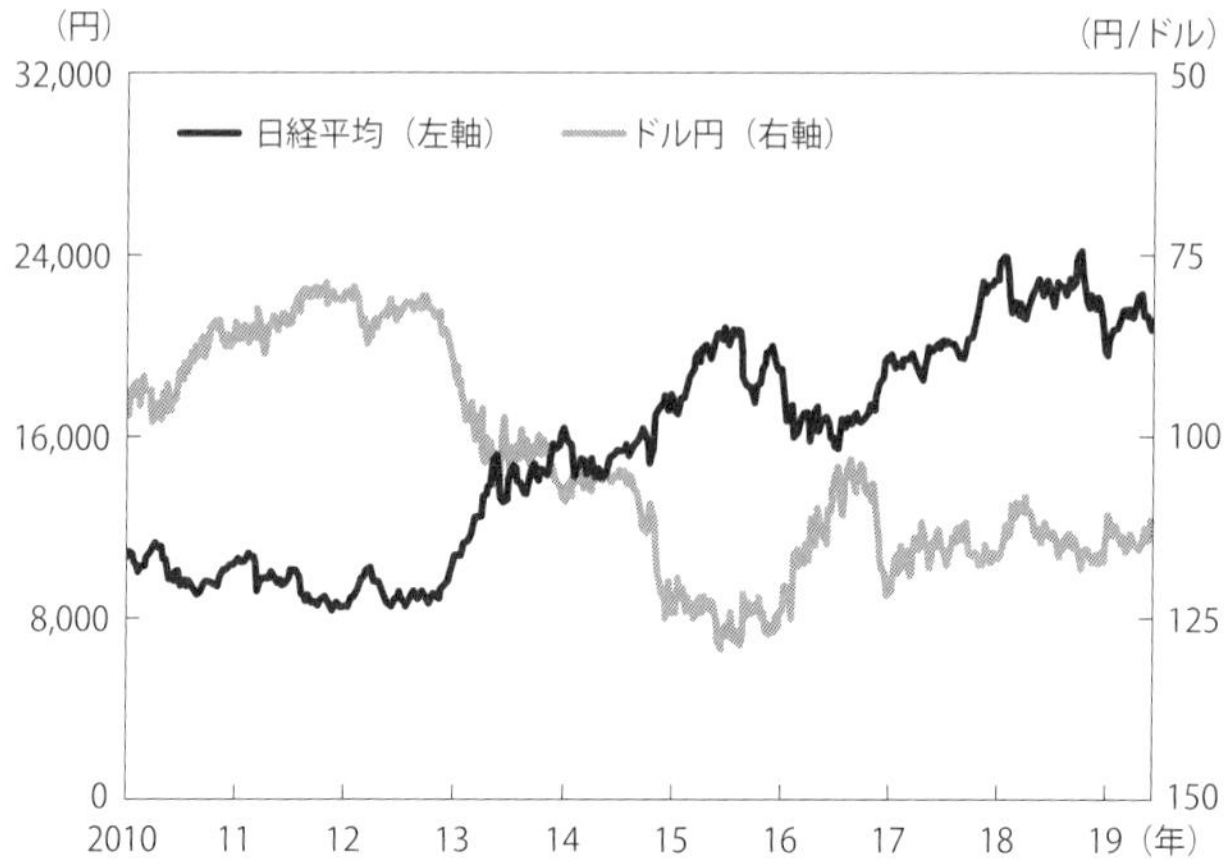

日には、一万七〇〇〇円台を突破した。円は緩和前の一ドル＝一〇九円から一一四円へと急落した。

そして第三回目は、二〇一六年一月二九日のマイナス金利導入だった。黒田総裁は国会や記者会見などで、直前まで「マイナス金利政策を検討していないし、考えが変わることもない」と明確に否定していた。市場では、「マイナス金利の導入はない」というのがもっぱらコンセンサスの予想だった。ところがこの日突然、黒田日銀はマイナス金利の導入を発表したのである。再び想定外の事態に見舞われた市場は、マイナス金利の評価をめぐって判断が混乱し、日経平均株価が乱高下した。

こうした黒田日銀の行動は、国民に対する首尾一貫した説明責任の徹底こそが、中央銀行の独立性を正当化するという行動規範とは、相容れないものであった。

たとえば日銀の量的緩和政策やゼロ金利政策によって、金利が低水準に留め置かれる。そうなると金利生活者は収入がほとんどなくなってしまう。銀行、特に地銀の経営にも大きな影響を与えつつあると言われている。低金利になれば円安傾向が強まる。円安になれば輸入業者は海外からの輸入物価が上昇して損を被るが、逆に輸出業者は得をする。

また現時点ではインフレを起こすことに失敗しているが、実際にインフレが生じると借金をしている人が得をして、逆に借金をしていない人や債権を持っている人は損をする。こういう意味で日銀の量的緩和政策は多くの国民に大きな影響を与える。

特に欧米で問題になっているのが、資産購入プログラムだ。日銀は市場から国債や株式、不動産証券を大量に購入している。日本の有名な上場企業を見ると、日銀が株主の第一位になっているところがかなり出てきている。つまり資産価格を買い支えている。一般に株式や不動産を保有しているのは比較的高所得層であり、かなりのキャピタルゲイン（値上がり益）が彼らにもたらされている。

また二％インフレ目標が達成された場合、異次元緩和は出口に向かわなければならない。

そのときに国民の生活にどのような影響が生じるのか。私がサーベイしたところでは、日本ではこうした問題意識で経済学的な分析がほとんど行われておらず、黒田総裁も時期尚早だということで言葉を濁したままだ。

中央銀行の政策運営に関する国際的コンセンサスは、中長期的な視点から金融政策の透明性を高め、説明責任を果たすことであるはずなのに、黒田総裁は短期的、あるいは瞬間的な政策効果の最大化を狙っており、そのような考えなど意識していないかのようである。

逆に黒田日銀は、「衝撃と畏怖」――激しい攻撃を仕掛けて敵に壊滅的打撃を与え、恐怖心を植えつけて戦意喪失させるという軍事用語――という言葉で評されるように、市場を強引にねじ伏せるようなスタンスで政策を打ち出しており、説明責任や透明性などは、まったく軽視されている。黒田日銀のこうしたサプライズ戦略は、一時的には政策の効果を高めるだろうが、長期的にみれば、市場は日銀の説明を信用しなくなり、日銀の政策意図が市場に理解されなくなる恐れがある。

中央銀行の金融政策における透明性と説明責任とは、本講演のキーワードである財政民主主義が機能する上で最も重要な条件である。これらを軽視する金融政策は、結局は自ら手段選択の独立性を脅かすことになろう。透明性と説明責任を欠いた金融政策は、財政民主主義を機能不全に陥らせる。現在の黒田日銀のアベノミクスにおける行動様式は、財政民主主義の対極にあり、市場と対話を進めていくのではなくむしろ市場を対立的な存在とみなして、日銀の意図を実現させるためには市場を力づくで押さえ込んででも貫徹するスタンスであるように見える。こうした黒田日銀のあり方が、真の意味での中央銀行の独立性を実現しているか、根本的に疑問である。

財政民主主義の存在意義が問われる

さて、いよいよ結論へと話を進めよう。

確かに日銀は、外形的には独立性を保持しているように見える。「中央銀行の独立性」とは「政策手段の独立性」というテーゼに即して言えば、民主主義的な選挙によって成立した安倍政権が日銀との間でアコード（政策協定）を結び、それに従って日銀は量的緩和政策を遂行しながら物価上昇率目標の達成を目指すという役割分担が決められている。こうした構図は、一見、民主主義的に成立した政権によって与えられた目標を、中央銀行が手段の独立性を行使して実行していくという、アラン・ブラインダーとベン・バーナンキによる

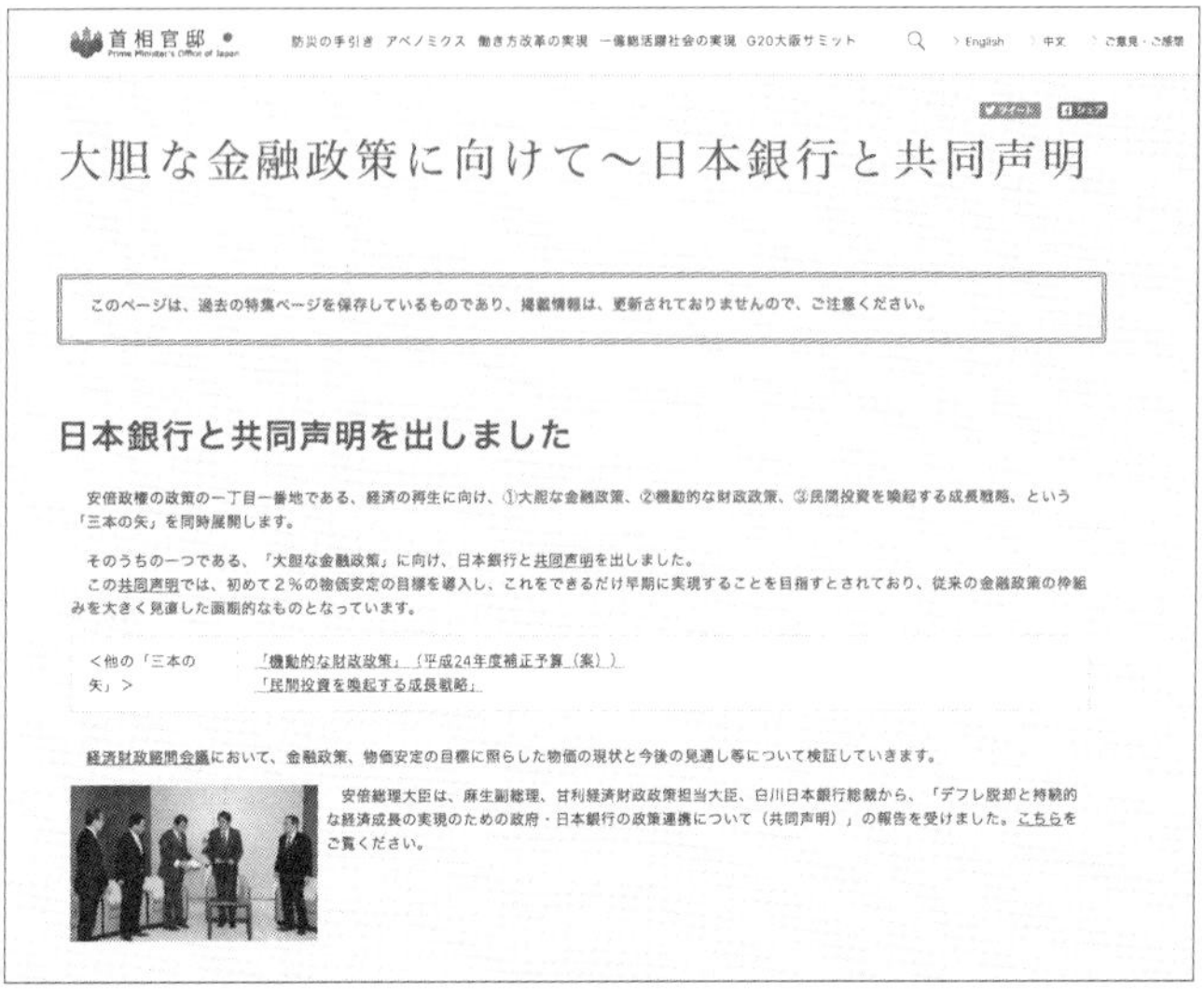

首相官邸 Prime Minister's Office of Japan　防災の手引き　アベノミクス　働き方改革の実現　一億総活躍社会の実現　G20大阪サミット　English　中文　ご意見・ご感想

大胆な金融政策に向けて～日本銀行と共同声明

このページは、過去の特集ページを保存しているものであり、掲載情報は、更新されておりませんので、ご注意ください。

日本銀行と共同声明を出しました

安倍政権の政策の一丁目一番地である、経済の再生に向け、①大胆な金融政策、②機動的な財政政策、③民間投資を喚起する成長戦略、という「三本の矢」を同時展開します。

そのうちの一つである、「大胆な金融政策」に向け、日本銀行と共同声明を出しました。
この共同声明では、初めて２％の物価安定の目標を導入し、これをできるだけ早期に実現することを目指すとされており、従来の金融政策の枠組みを大きく見直した画期的なものとなっています。

＜他の「三本の矢」＞　「機動的な財政政策」（平成24年度補正予算（案））
「民間投資を喚起する成長戦略」

経済財政諮問会議において、金融政策、物価安定の目標に照らした物価の現状と今後の見通し等について検証していきます。

安倍総理大臣は、麻生副総理、甘利経済財政政策担当大臣、白川日本銀行総裁から、「デフレ脱却と持続的な経済成長の実現のための政府・日本銀行の政策連携について（共同声明）」の報告を受けました。こちらをご覧ください。

アコード（日銀との共同声明）についての首相官邸HP

「中央銀行の独立性」論に沿った中央銀行のあり方が体現されているようにも見える。しかし、本当にそうなのだろうか。

確かに「目標の設定」と「政策手段の選択」とは、一応論理的に分けて議論することが可能である。しかし、金融政策の実態に即して考えれば、現実にはこの二つは密接不可分なのではないか。つまり、形式的には独立しているようであっても、結局は時の政権に従属することになるのではないのか。

しかも、日銀の金融政策を決める政策委員会審議委員は、時の政権が好ましいと考える候補者名を国会に提出し、その承認を受けて就任することから、事実上、日銀は人事を通じて政権のコントロールを受けていることになる。目標設定で政権から縛られている上、人事的にコントロールされていれば、いくら「手段の独立性」があるといっても、実際に採れる手段は限られてくる。

そうであれば、デフレ脱却に向けた安倍政権の強い意思がある以上、日銀は量的緩和政策を延々と継続せざるをえないだろう。こうして、従来の常識を超えた超金融緩和に突入し、膨大な国債をバランスシートに抱え込んでしまった日銀は、すでに現在の政策路線から抜け出すことのできない自縄自縛の状態に陥っている。日本経済は、国債を丸抱えしてバランスシートが前例のないほど膨らんでしまった日銀と共存していかざるをえない環境にすでに入ってしまっている。

こうした状態は、ヴォルフガング・シュトレークが提起した資本主義の「時間稼ぎ」の新たな形態そのものであるといえる（同『時間かせぎの資本主義―いつまで危機を先送りできるか』二〇一六年、みすず書房）。シュトレークは、資本主義が一九六〇年代末に高度成長を終えてから、困難になった経済成長をなんとか継続させるために、次々と「時間を稼ぐ」新手の手法を繰り出すことによって危機を先送りしてきたと指摘している。

ヴォルフガング・シュトレーク（1946年〜）
（©Pacific Press/ゲッティイメージズ）

先送りの手法とは、具体的に次のようなものである。

一九七〇年代はインフレを引き起こして、借金を実質的に減価させた。しかしインフレは債権を持っている人々にとっては資産の目減りになり、その不都合が明らかになった。八〇〜九〇年代には規制緩和や減税で民間経済を活性化し成長を維持しようとしたが、その一方で国家の債務は増大していった。

そして国家債務が増大すると、今度はその借金を、貧困家庭を含む家計債務へ付け替えた。サブプライムローンに象徴される空前の住宅購入ブームだ。その住宅バブルが破裂したのが、二〇〇八年のリーマン・

FRB（左）やECB（右）などの
中央銀行による量的緩和政策は何を意味するのか
（左：©giri/PIXTA（ピクスタ）、右：©りゅう・PIXTA（ピクスタ））

ショックだった。その事態収拾者として立ち現れたのが、ＦＲＢ、ＥＣＢといった各国・地域の中央銀行だった。

中央銀行は量的緩和政策によって、国家債務の事実上の引き受けを行い、資本主義の危機を先送りすることで「時間を買う」役割を買って出たというのがシュトレークの評価だ。

そういう意味で、日銀もまた意図せざる形かもしれないが、同様の役割を引き受けさせられている。政権との関係でも、実質的な独立性を確立できていない。また国債の大量購入プログラムも、なし崩し的に恒久化されつつあるように見える。

「巨額債務を付け替えつつ延命する資本

主義」の将来像については、今後議論されるべきテーマであるが、本講演の財政民主主義の視点からいえば、そうした手法や方向性が公共性に照らして果たして妥当なのか、公論に付すべきではないかと指摘しておきたい。国会でもきちんとした議論が行われるべきだが、少なくとも現状ではそうなっていない。これこそが財政民主主義にとっての大問題であり、その存在意義が問われているのだといえる。


（付記）

本講演の内容は、左記の論稿に基づくが、それに新たな内容を加えて再構成したものである。

諸富 徹「財政・金融政策の公共性と財政民主主義」『思想』二〇一九年第四号（通巻第一一四〇号）、一〇〇―一二一頁。

講演3

第四次産業革命への適応

——政府は何をすべきか——

佐和隆光

産業革命とは、一八世紀末から一九世紀始めにかけてイギリスで起きた社会経済の構造的大変革を意味する。「産業革命」という言葉は、もともと固有名詞だったのだが、時代を経るうちに、いつの間にか普通名詞になった。なぜなら、その後、技術革新に駆動される産業と社会の構造的大変革を、何度か経験したからである。今現在、人工知能が社会構造に一大変革を及ぼすであろうことが予期されており、それを第四次産業革命と呼ぶ。以下、第一次から第四次に至るまでの四度の産業革命について一覧しておこう。

第一次産業革命を起こした蒸気機関

第一次産業革命が起きたのは、一七六〇年から一八四〇年ごろにかけてのイギリスにおいてのことだった。よく知られている通り、ジェームズ・ワットによる蒸気機関の発明が、第一次産業革命の基盤技術となった。蒸気機関とは、水を加熱して得られる蒸気の膨張力を利用することにより、熱エネルギーをピストン運動エネルギーへと変換する動力機関のことである。ピストン運動エネルギーは、クランクという仕組みによって回転運動エネルギーへ変換され、多種多様な機械の動力源として応用された。

第一次産業革命は、さまざまな分野に大きな変革をもたらした。情報・通信＝コミュニケーション、エネルギー、輸送＝トランスポーテーションの三つの分野ごとに、具体的事例を挙げておこう。

まず、コミュニケーション分野では、どのような変化がもたらされたのか。必ずしも周知されてはいないが、蒸気印刷機の登場という特筆すべき技術革新があった。手動式印刷機に代わって蒸気機関を動力源とする自動印刷機が出現し、高速にして大量の印刷が可能となり、新聞という最古のマスメディアの産みの親となったのである。

次に、エネルギー分野の技術革新について見てみよう。産業革命以前、主要な動力源と言えば人力と馬力しかなかった。薪や木炭に代わる熱源として石炭が利用されるようになってはいたが、産業革命以前、その用途は暖房に限られていた。ところが、蒸気機関の発明は、その不可欠な動力源として、石炭を産業革命の主役に祭り上げた。

石炭を燃料とする蒸気機関は、それ自身のエネルギー源である石炭の生産拡大に大きく貢献するという相乗効果をもたらした。蒸気機関が最初に実用化されたのは、炭鉱内に溜まる地下水の排水ポンプの動力源としてであった。蒸気排水ポンプのおかげで、炭鉱の寿命が延び、石炭の大量生産が可能となったのである。

新聞というメディアを誕生させた蒸気印刷機
（©Science & Society Picture Library/ゲッティイメージズ）

また、第一次産業革命以前の製鉄は木炭を燃料としていた。当然のことながら、木材を原料とする木炭の供給量には制約がある。少なくとも当時は、石炭は欲しいだけ地下から採掘できる無限のエネルギー源だと錯覚されていたため、木炭から石炭への燃料転換により、安価で大量の鉄鋼（最も汎用性のある金属材料）の生産が可能となった。産業インフラの整備と工業化を推進するには、安価な鉄鋼の大量供給が必要不可欠である。歴史上、初めてそれを可能にしたのが、蒸気機関の発明と普及だった。

次に、トランスポーテーション（輸送）分野の技術革新を見てみよう。蒸気機関の発明によって、蒸気機関車と蒸気船が出現した。飛脚や馬車は鉄道に、帆船は蒸気船（当初は、帆船に蒸気機関を積んだハイブリッド船）に置き換わった。こうした輸送の機械化は、長距離、高速、大量の輸送を可能にし、ヒトとモノの移動に大変革がもたらされた。

一八一〇年代、産業革命による機械化の進展に失業の恐れを感じた手工業者や労働者による機械打ち壊し運動（ラッダイト運動）がイギリスで起きた。多少の紆余曲折はあったものの、イギリスに始まった第一次産業革命は、ヨーロッパ大陸へ、そしてアメリカへと波及し、かなりの時間差をおいて日本にも押し寄せた。

石油と電力が起こした第二次産業革命

一九世紀末から二〇世紀初頭にかけて第二次産業革命が起きた。第二次産業革命の契機となったのは石油と電力である。石油と電力という二つのエネルギーを人類が手に入れたことにより、第二次産業革命の幕が切って落とされた。

コミュニケーション分野では電信、電話、ラジオが登場した。これらの通信手段は、いずれも電力という夢のエネルギーの賜物である。このころ、発電は水主火従と言われ、水力発電が主力であり、足らずを石炭火力が補っていた。水力資源には限界があるため、電力需要が増えるに伴い、次第に石炭火力へと主力は置き換わっていった。その後、原子力発電が登場するまでは、電力供給の負荷調整の容易な石油火力へと主力は移行した。

トランスポーテーション分野の技術革新は、エンジン（内燃機関）の発明にほかならない。自動車と航空機という画期的な輸送機関は、いずれもエンジンを心臓部としている。エンジンを作動する燃料には、ガソリン、ディーゼル、ジェット燃料といった石油製品が充てられる。蒸気機関車も電気機関車に置き換わった。乗用車は二〇世紀のシンボルとも言うべき製品だが、乗用車の大量生産・大量消費は、一九〇八年のT型フォードの発売を契機にして始まったとされる。

こうして二〇世紀型工業文明が幕を開けたのだが、その基盤となったのは化石燃料（石炭と石油）の大量消費だった。化石燃料の大量消費は、二酸化炭素の大量排出を意味する。二〇世紀の八〇年代末になって、二酸化炭素の大気中濃度の上昇が気候変動（地球温暖化）をもたらす可能性が指摘され、持続可能性という観点から、二〇世紀型工業文明を根源的に見直す必要性が謳われるようになった。

一九六〇年代に始まる第三次産業革命を駆動したのはエレクトロニクス技術であり、大

乗用車の大量生産の道を拓いたT型フォード
（©Alamy/アフロ）

変革の主役を担ったのはコンピュータ（電子計算機）である。コミュニケーション分野では、ファクシミリと電子メールが通信環境を激変させた。

エネルギー分野では、原子力発電が登場し、ここ日本では七〇―九〇年代にかけて原子力発電所の新増設ラッシュが続いた。七三年と七九年の二度のオイルショックによる原油価格の高騰、そして九七年の京都会議で採択された京都議定書により、先進諸国に対し二酸化炭素の排出削減が義務づけられたため、わが国のエネルギー政策は、二酸化炭素を排出しない原子力発電を基幹エネルギーとして位置づける方向に舵が切られた。

トランスポーテーション分野では、東京オ

オイルショック後、原子力発電が基軸エネルギーに位置づけられた
(©流しの/PIXTA(ピクスタ))

リンピック直前の一九六四年一〇月一日に東京・大阪間を四時間で結ぶ東海道新幹線が開通して以降、鉄道輸送の高速化が進み、高速道路網が日本列島を隈なく覆うようになった。石油価格の高騰と京都議定書の発効を受けて、自動車メーカーの技術革新の目標は燃費効率向上に絞り込まれ、日本のメーカーが世界の自動車市場を席巻するようになった。

コンピュータのダウンサイジング

第三次産業革命の担い手であるコンピュータの歴史を一言で表現すれば、ダウンサイジングの際限なき進展だった。大型メインフレーム・コンピュータ（六〇―七〇年代）、デスクトップ・パソコン（八〇年代）、ノートパソコン（九〇年代）へと、コンピュータのダウンサイジングが進展したのである。ダウンサイジングに伴い、記憶容量の拡大、高速化、低価格化、そして操作の簡素化が同時進行したわけだから、専門的知識を一切持たない素人にもコンピュータの操作は可能となり、一人一台の時代がやってきた。

当初、メインフレーム・コンピュータのサイズは途方もなく大きかった。一九六五年、京都大学にも電子計算機センターが創設され、利用者は数百枚の穿孔《せんこう》カードの束を計算センターに持参し、翌日、計算結果を取りに行く。プログラムにはバグが付き物だから、バグの修正を何度か繰り返して、少なくとも一週間の計算センターへの日参を経て、ようやく所望の計算結果にたどり着くというのが、当時のコンピュータ利用の標準的なスタイルだった。メインフレーム・コンピュータのハードディスクの記憶容量にせよ計算速度にせよ、現在のスマートフォンの数千分の一という有り様だった。

ダウンサイジングはコンピュータの大衆化を促したのだが、他方において、高度な科学技術計算の分野で、スーパーコンピュータによる計算速度と性能を競う、熾烈な国際競争が展開されるようになり、現在もそのただ中にある。スーパーコンピュータは、地球規模の気候変動を予測するシミュレータ、生体のタンパク質と化合物との相互作用を予測する創薬研究などに役立てられている。

九〇年代半ばになると、コンピュータのパーソナル化に伴い、ヤフーやグーグルなどのインターネット検索ェンジンが無料で利用可能になった。また、情報伝達手段として電子メールが急速に普及した。一九八七年にＮＴＴが発売した日本初の携帯電話の重さは九〇〇グラム、固定電話の子機ほどの大きさだった。その後、小型化、軽量化、多機能化、低価格化が急速に進み、今や携帯電話はほとんど必需品となった。二〇〇七年にアップル社が初のスマートフォン（スマホ）であるアイフォンを発売した。スマホは電話での通信にとどまらず、インターネットへの接続や電子メールの送受信など、パソコンを不要にするほどの多機能性を有している。しかも、絶えず携帯されているため、スマホは第四次産業革命の恩恵を享受する上で不可欠の端末である。

以上、第一次から第三次産業革命までを一覧してきたが、過去三度の産業革命は、いずれも労働生産性の飛躍的向上をもたらし、生産と生活の在りようを一変させた。第一次産業革命は蒸気機関、第二次産業革命は電力と石油というエネルギー源、第三次産業革命はコンピュータが労働生産性や個人の情報処理能力の大幅な向上をもたらすと同時に、生活の利便性と快適性を高める新製品が続々と登場し、人々のライフスタイルを一変させた。

産業革命は社会構造の在りように対しても大きな変革を迫った。わが国の戦後の軌跡を顧みてもわかるように、第二次産業革命は、農林水産業から製造業への労働力の大規模な移動を促した。一九五〇年代半ばから六〇年代にかけて、農家の跡取りである長男以外の男女児は「金の卵」と称され、中学を卒業するや否や集団就職列車に揺られて、三大都市圏の工場や商店に引く手数多のごとく就職した。

第四次産業革命の主役は人工知能

いよいよ本題である第四次産業革命について見ていこう。

第四次産業革命は、二〇〇五年ごろに始まり、現在進行中である。これを駆動しているのがＩｏＴ（Internet of Things）―すべてのモノがインターネットでつながること―、深層学習（deep learning）機能を備えた人工知能（ＡＩ）、そして電話付き超小型コンピュータであるスマートフォン（スマホ）である。スマホは、デスクトップ・パソコンからノートパソコンへ、さらにタブレットへというダウンサイジング化の歩みの着地点にほかならない。

一九八〇年代半ば過ぎに発売された、「携帯可能」を謳う折り畳み式ラップトップ（膝の上）パソコンの重さは四キログラムほどだった。筆者自身、片手に旅行カバン、片手にパソコンを提げて新幹線車内に持ち込み、原稿を書いていたのを思い出す。現在、カバンに入れて持ち運ぶノートパソコンの重さは一キログラム前後だろう。パソコンは小型化・軽量化する一方、高機能化と低価格化が同時進行した。

モバイル化という点で、ノートパソコンをはるかに上回るのがスマホである。すでに述べた通り、スマホの第一号であるアイフォンが発売されたのは二〇〇七年のことである。以来、一〇年余りのうちにスマホは爆発的に普及し、目下、全世界で三〇億台ものスマホが使われているとのことだ。この一例が示す通り、第四次産業革命における技術革新とその普及のスピードは異常なまでに速い。

エネルギー分野では、二〇一一年三月一一日の福島第一原発事故が、既存のエネルギー政策に大転換を迫った。もともと原子力発電への賛否は相半ばしていたのだが、事故を経てのち、原子力行政の在り方が改革され、環境省に原子力規制委員会が新設され、安全基準が厳格化された。その結果、原発の建設コストは二〜三倍にまで膨らんだ。事故以前には、出力一〇〇万―一二〇〇万キロワット級の原発一基の建設コストは五〇〇〇億円前後と見積もられていたのが、一兆円から一兆五〇〇〇億円にまで跳ね上がった。人口が減少して電力需要の堅調な増加が望めないわが国では、今後、民間企業としての電力会社が、率先して高価な原子力発電所を新増設することは望めない。実際、福島第一原発事故以降、先進諸国では脱原発が加速しつつある。一方、一六年一一月のパリ協定発効により、電源の脱炭素化（＝脱火力発電）は避けがたくなった。その結果、好むと好まざるとにかかわらず、再生可能エネルギーが従来の脇役から主役へと転じつつある。実際、再生可能エネルギーによる発電コストが年々低下していることが、エネルギー転換の推進力として働いている。

輸送（トランスポーテーション）分野でも一大変革が進行中である。イギリス、フランスでは四〇年以降、中国では三〇年以降、ノルウェーでは二五年以降、エンジンを搭載する自動車の販売を禁止する法的措置の導入が検討されている。ガソリン自動車を電気自動車（ＥＶ）または燃料電池自動車（ＦＣＶ）に置き換え、自動車の二酸化炭素排出量をゼロにしようというのである。

すでに中国では、自動車メーカー各社に対し新車販売に占める新エネルギー車（ＮＥＶ）の比率を一〇％以上にすることを義務付ける規制が施行されている（ただし、排出権取引と同様にクレジットで埋め合わせすることが可能）。

輸送分野の革命を牽引する電気自動車
(©EXTREME-PHOTOGRAPHER/ゲッティイメージズ)

ＥＶの環境性能は抜群である。ガソリンエンジン車の実燃費効率はハイブリッド車（ＨＶ）プリウスですら二二キロメートル／リットルだが、ＥＶのそれは八キロメートル／キロワット時と推察される。一リットルのガソリンを燃やせば二三〇〇グラムのCO_2が排出されるが、電力のCO_2排出原単位は電源構成次第だが、原発依存度の高かった二〇一〇年度には、一キロワット時当たり平均排出量は四一六グラムだった。すべての原発が停止していた二〇一三年度のそれは五七〇グラム。電源のすべてが石炭でもCO_2排出量は八六四グラム／キロワット時だから、環境面でＥＶはガソリン車はもとよりＨＶをも凌ぐ。

ＥＶの走行距離は、一回の充電で四〇〇から六〇〇キロメートルにまで達しており、今後の畜電池の改良と価格低下により、さらなる走行距離の延伸の可能性がある。また、自動運転車を開発するに当たっても、ガソリン車よりもＥＶの方が優位に立つ。

公共バスの電動化が実現すれば、都市の大気浄化が進む。欧州諸国の都市交通における環境負荷低減の切り札となったのはＬＲＴ（Light Rail Transit）だが、日本の大都市ではＬＲＴ導入の実現可能性は乏しい。

自動車の大変革は石油製品から電力への動力源の転換だけでない。運転の自動化という大変革が現在進行中である。グーグルが最初の自動運転車を披露したのが二〇一〇年。高速道路や予め定められた経路を走る自動運転車は、あと五年くらいで実用化する可能性が高い。あらゆる条件下ですべての操作を任せられる「レベル５」の完全自動運転車が実用化に至るまでには、あと二〇年くらいかかると私は見ている。

産業革命がもたらす雇用問題

第四次産業革命の及ぼす変化はそれだけではない。人工知能（ＡＩ）とロボットの進化は、工場や事務所の無人化を推し進める。専門職をＡＩが代替するのは未《いま》だしの感があるけれども、専門職の補佐的業務（たとえば弁護士事務所のパラリーガル）は不必要になるものと予想される。

過去三度の産業革命のいずれもが経済の飛躍的な成長・発展に寄与し、私たちの生活の利便性と快適性を果てしなく向上させた。しかし同時に、産業革命が引き起こす産業構造の激変は、産業だけでなく個人をも勝者と敗者に分かたずにはおかない。規模の大小にかかわらず、産業構造の激変に付き物なのは、企業倒産と失業者の増加、そして企業間・個人間の所得格差の拡大である。とはいえ、変革のもたらすネガティブな効果は、マクロ経済の成長と発展というベネフィットの対価であり、企業と個人のそれぞれが応分の調整コストを負担しなければならない。過去三度の産業革命においては、調整コストを補って余りあるベネフィットを手に入れてきたと見てよい。

第三次産業革命がもたらした雇用への影響について見てみよう。「東洋経済オンライン」の「この一五年で『増えた仕事』『減った仕事』は何か」（二〇一五年九月四日）という記事が参考になる。数値を引用すると、以下の通り。一九九五年から二〇一〇年にかけて「増えた仕事」の第一位は介護従事者（一二五万人増）、二位は販売店員（五一万人増）、三位は看

図表3-1 直近15年間で増えた仕事 vs. 減った仕事

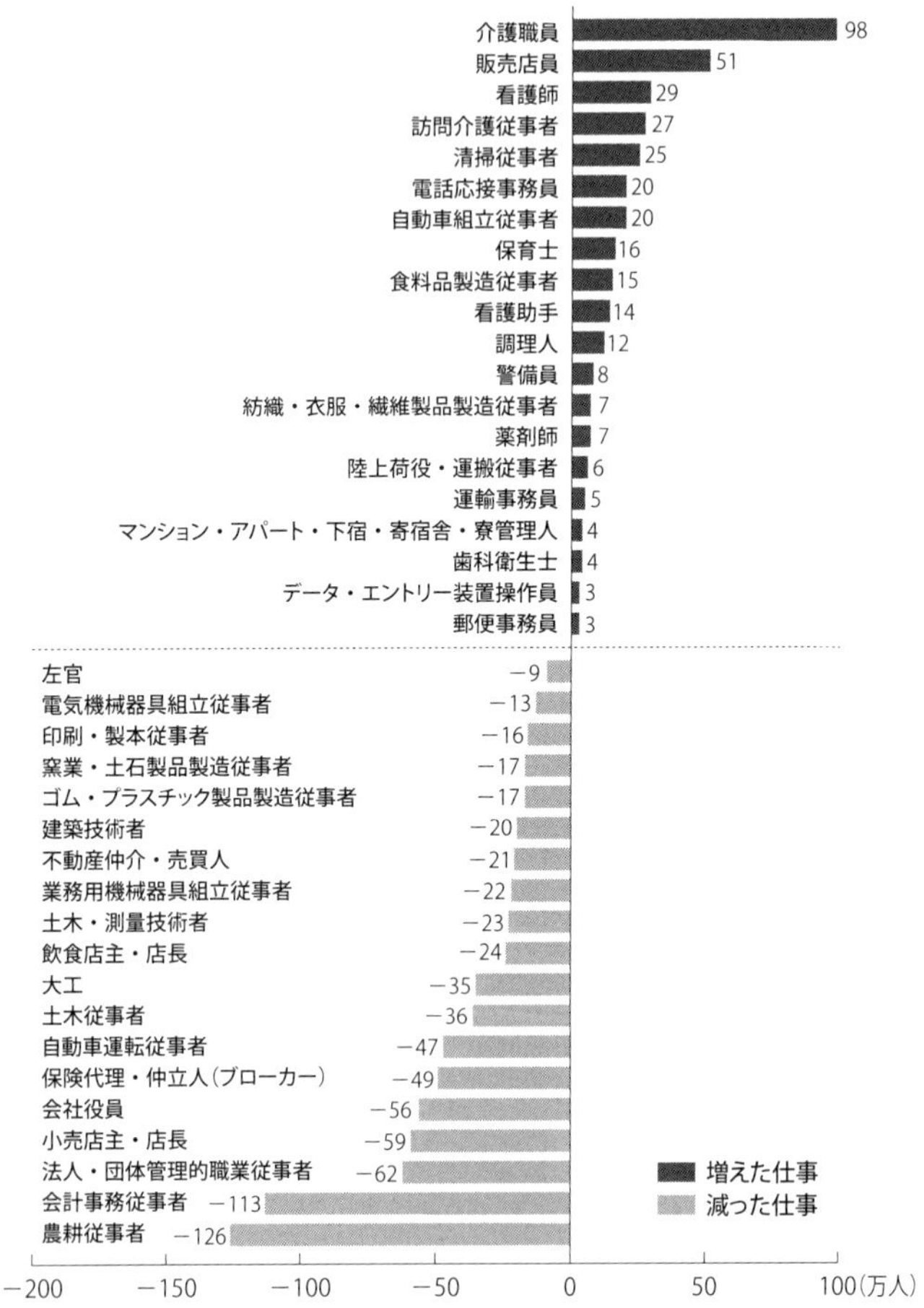

（出所）「東洋経済オンライン」の「この15年で『増えた仕事』『減った仕事』は何か」（2015年9月4日）

護職員（四三万人増）、以下、清掃従事者（二五万人増）、保育士（一六万人増）、調理人（一二万人増）などが挙げられる。コンピュータ化が進んだ一五年間に「増えた仕事」の大半が、高齢化、共働き世帯の増加などに起因する。

一方、「減った仕事」の第一位は農耕従事者（一二六万人減）、第二位は土木・建設従事者（一二三万人減）、第三位は会計事務従事者（一一三万人減）、以下、法人・団体管理職（六二万人減）、小売店主・店長（五九万人減）、会社役員（五六万人減）、不動産・保険等のブローカー（七〇万人減）、自動車運転従事者（四七万人減）、印刷・製本従事者（一六万人減）などとなっている。第三次産業革命（デジタル化・コンピュータ化）がもたらした雇用減は、会計事務従事者、不動産・保険等のブローカー、印刷・製本従事者くらいのものである。

第三次産業革命で失業率激増が起こらなかったのは幸運な偶然

以上の事実から次のような二つの仮説を立てることができる。

仮説①　技術革新により「減る（機械によって代替される）仕事」は確実に存在する。それを補うに足るだけの雇用の創出に技術革新が寄与するところはなきに等しい。

仮説②　第三次産業革命による雇用減を補ったのは、技術革新とは無関係な、社会・経済的環境の変化に伴う雇用増である。

実際、高齢化の進展に伴い、必要不可欠な仕事（介護、看護など）の就業者数が急増している。共働き夫婦の増加に伴い必要不可欠な仕事（保育、調理、コンビニやスーパー）の就業者数もまた増加している。その意味するところは、コンピュータに仕事を奪われた人々の多くは、ハローワークで職探しをしても、不本意かつ低賃金の仕事にしかありつけない、というのが偽らざる実情なのだ。とはいえ、幸いなことに、第三次産業革命は高齢化・女性の有業率向上と同時並行的に進行したため、失業者の激増という災禍を免れえたのである。言い換えれば、第三次産業革命のもたらす労働市場の摩擦は最低限にとどまった。

仮に第四次産業革命により「二〇三〇年には二人に一人が失業」という深刻な事態（後述）が招来されても、約三三〇〇万人の失職者を雇用するに足る職場が新たに生まれるとは考えにくい。失業者の大半は、特別の技能を要さない低賃金労働、あるいは多くの人が忌避する「きつい」「きたない」「きけん」（いわゆる3K）な労働に就かざるをえなくなる。何も対策を講じなければ、AIとロボットが人間の仕事を奪い、低賃金の3K労働からも排除された失業者が街にたむろするようにならざるをえまい。

いくつかの分野で驚異的な能力を示すＡＩ

ＡＩ化が進展した時代の状況を予測するため、現在のＡＩの能力を示す実例をいくつか挙げてみよう。

二〇一六年八月、東京大学医科学研究所はＡＩの威力を示す次のような事例を公表した。二〇〇〇万件近くのがん研究の医学論文と一七〇〇万件以上の薬剤関連文献を学習させたＩＢＭのＡＩワトソンに、不治の白血病患者の検査データとがん細胞の遺伝子情報をインプットしたところ、約一〇分間で、主治医が思いもよらなかった特殊なタイプの白血病との診断結果をワトソンが下し、適切な抗がん剤の組み合わせを処方してみせた。早速、ワトソンの処方箋どおりの抗がん剤治療を患者に適用したら、わずか数か月で患者は快癒・退院し、社会復帰することができたという。

二〇〇〇万件近くのがん研究論文と一七〇〇万件以上の薬剤関連文献を読破し記憶するのは、ＡＩにとってはわけないことだが、人間の医師にとっては不可能と言わざるをえない。仮に一日に一〇件のペースで論文を読みこなしたとしても五五〇〇年近くを要するか

2015年、AI棋士「アルファ碁」が囲碁プロ棋士に初勝利
（©Featurechina/アフロ）

らだ。しかも、論文に記載される数値などを逐一精確に記憶するのは、人間の医師にとっては不可能な仕業だし、時間が経過するに伴い記憶は確実に薄れてゆく。

グーグル・ディープマインド社が一兆円の費用をかけて開発したAI棋士「アルファ碁」は、囲碁のルールと定石に加え、過去の数万局の棋譜データを学習した上で、自己対局の繰り返しによるディープラーニング（深層学習）を経て、韓国と中国の名人と対局したところ、彼らに圧勝してみせた。ところが、アルファ碁よりも勝れたAI棋士「アルファ碁ゼロ」には、囲碁のルールを教えるだけで、定石や過去の棋譜は一切教えずに、二九〇〇万局の自己対局を繰り返させた。深層学習の賜物であるアルファ碁ゼロは、アルファ碁に一〇〇戦一〇〇勝という圧倒的な強さを示した。多数の対局の繰り返しにより、アルファ碁ゼロは独創的な定石（新しいパラダイム）を編み出し、人間の考えた定石（旧いパラダイム）を教え込まれたアルファ碁を圧倒したという事実は、科学史家トーマス・クーンの言うパラダイム・シフトそのものを実見させてくれる。

マサチューセッツ工科大学（ＭＩＴ）は、様々な科目のＭＯＯＣ（Massive Open Online Course）を、インターネットを通じて、世界中至るところで、無料で受講する機会を提供している。モンゴルの一五歳の高校生がＭＩＴのＭＯＯＣの「電子回路」の授業の単位を取得した。毎回の授業後に課せられるショートテストも期末テストも満点の好成績を収めたモンゴルの高校生をＭＩＴは奨学金と旅費を支給し授業料免除で入学させた。世界中から優秀な学生をリクルートするための絶好の手段として、ＭＩＴはＭＯＯＣを活用しているのである。

ＡＩが強さを発揮するのは定型的業務

人間の事務労働や工場でのマニュアル労働の多くがＡＩにより代替されるのは、それらが定型的な業務だからである。また、ＡＩが人間を凌駕できる専門職は、いずれも定型的職種である。名医ワトソンに例証される通り、医師の診断・処方は、過去の症例と教科書から学べる専門知に基づくという意味で定型的であるがために、ＡＩによる代替がある程度まで可能なのである。

さて、それでは、ＡＩによる代替が困難、もしくは不可能な人間の仕事とは何か。

第一に、コミュニケーションが本質的に重要な仕事だ。たとえば、初等中等教育の教師をＡＩに任せるわけにはゆかないだろう。高等教育すなわち大学では、標準的な授業はＭＯＯＣに委ねることにしても、少人数のゼミ形式の授業や卒業論文の指導などをＡＩは担当できない。

医師の問診や診断結果の告知は人間にしかできないはずだ。弁護士による依頼人面談と法廷での弁論も同様だ。法律の条文や過去の判例を熟知するＡＩは弁論のシナリオ作りはできても、法廷で弁護人に代わって弁論することはできない。以上を要するに、ＡＩは専門職の補佐役としての機能は十二分に果たせるが、専門職の仕事を完全に代替することはできそうにない。たとえば、医師の診断と処方は、ＡＩの力を借りて、より適正なものとなるだろう。弁護士を補佐するパラリーガルの仕事は、ほぼ完全にＡＩに取って代わられるだろう。

第二に、ホスピタリティを要する仕事である。たとえば介護などが典型例だ。介護を受ける人にとっては、介護に要する知識と技能の備わった介護ロボットよりも、人間による介護の方が望ましいに違いあるまい。

高級レストランのウェイターやウェイトレス、高級料亭の女将さん、仲居さんや芸妓さんの仕事をＡＩは代替できない。これら接客業の心のこもったもてなしのことをホスピタリティという。

第三に、クリエイティビティを要する仕事である。研究者や芸術家など、創造性が決め手となる仕事である。

第四に、マネジメントの仕事である。企業経営者、政治家、官僚の仕事などをＡＩに任せることはできない。

大量失業の解決策としてのベーシックインカムという提案

次に、ＡＩによる人間労働の代替の結果として生じる労働力過剰＝雇用問題について、どうすべきかについて考えてみよう。

これまで述べてきたように、第四次産業革命の結果、程度の差こそあれ、多くの失業者が発生する可能性は高い。ＡＩ化の進展に伴う失業の救済策として、一定の支持を受けている提案にベーシックインカム制度の導入がある。

ベーシックインカム（ＢＩ）は「基本所得保障」または「最低生活保護」と日本語訳されている。世帯当たりの給付ではなく、国民一人ひとりへの給付という点に、この制度の特色がある。ＢＩ制度導入と引き替えに、基礎年金、生活保護、最低賃金など、既存の社会保障制度のすべて、または一部が、廃止または縮小されることになる。

もともとは貧困対策として発案された制度だが、一九八〇年代以降、「小さな政府」を目指す新古典派経済学者によって、社会保障制度の簡素化に資する制度として推奨されるようになった。個別対策的社会保障を一元化して、行政コストを削減する効果を期待してのことである。さまざまな社会保障制度は受給資格の認定などに手間暇を要するため、人件費などの無駄な経費を要するのみならず、低所得者の勤労意欲を削ぎ、その反面、ワーキングプアを置き去りにする、といった弊害の是正をＢＩ制度はその狙いとしている。

他方、国民に最低限の生活水準を保障する制度という意味で、所得再分配を重視するリベラル派の経済学者や政党の約半数がＢＩ制度そのもの、またはその修正版の導入を支持する。社会主義政党もまたしかりである。日本国内では、自由党（二〇一九年四月に国民民主党に吸収された）が選挙公約に掲げていたほどＢＩ制度の導入に積極的だったのに対し、自由民主党は反対の立場を鮮明にしている。他の与野党は、そのいずれもが多かれ少なかれ賛意を表明しながらも、具体的な法案を国会に上程するまでには至っていないのが、わが国のＢＩをめぐる現状だ。スイス、オランダ、フィンランド、カナダなどの国々では、地域を限定した上での社会実験が現在進行中である。

ＢＩ制度の実際を具体例として示してみよう。たとえば、国民全員に一人一か月八万円のＢＩを支払うとしてみよう。この支給額は、保有資産や所得とはまったく関係なく同一とされる。ＢＩの支給対象は、世帯ではなく個人である。そうすると一人世帯であれば八万円、夫婦だけの二人世帯であれば一六万円、夫婦と子ども一人の三人世帯であれば二四万円が支給される。こうした格差を平等と見るか不平等と見るかは、人によりけりだろう。

ＢＩ制度の導入と引き換えに、生活保護、児童手当、公的年金の国庫負担分などの社会保障制度のほとんどが廃止される。ＢＩ制度の賛同者たちは、社会保障の簡素化という点を取り上げて、ＢＩ制度を望ましいと主張する。しかも、子どもが多ければ多いほど多額のＢＩが支給されるから少子化対策にもなる。

ＢＩ制度導入の争点と是非

ＢＩ制度導入の賛否の争点となるのは、次の三点である。

第一に、貧困層にも富裕層にも、同額のＢＩが支給されることの是非である。リベラル派と社民派は、所得の上限を設けるべきだと主張する。あくまでも社会保障制度の簡素化を第一義とする保守派は、所得の上限を設けることに反対する。成年と未成年への支給額を差異化するか否かについても賛否両論が相半ばする。

第二に、仮に一か月五万円のＢＩを支給するならば、人口一億二五〇〇万人への年間支給総額は七五兆円にものぼる。四人家族が一か月に受け取る二〇万円は、最低限の生活を送るに足る金額と見ていいだろう。問題は、七五兆円という莫大な政府支出を賄う財源をどう捻出するかである。ＢＩ制度導入と引き替えに、医療を除く社会保障を廃止すれば帳尻は合う。二〇一六年度の社会保障給付金は一一八・三兆円だった。医療費三七・九兆円を差し引けば八〇・四兆円となり、ＢＩへの歳出を補って余りあるから、ＢＩ制度導入は社会保障費を削減する。また、公的医療保険以外の社会保険料を支払わなくてもよくなる点、家計の税外負担は軽減される。ただし、年金の国庫負担や生活保護の廃止はやむなしとしても、介護保険の廃止は高齢者の生存を脅かす。

社会保障を現状のままに据え置き、財源を消費税に求めれば、消費税率を今よりも二一ポイント引き上げなければならない。しかし、二九％という消費税率はヨーロッパにも例がなく、事実上受け入れがたい高水準である。つまり、社会保障を現状に据え置いたまま、すべての国民に最低生活を保障するＢＩ制度の導入は、実現不可能と言わざるをえまい。そこで、所得上限を設定する、成年と未成年に格差を設ける、所得税の累進度を上げて税収増を図るなどの修正案が提案されている。

第三の論点は、ＢＩ制度の導入が労働意欲を高めるか、あるいは労働意欲を損なうかである。一方には、最低限の生活が保障されるのなら強いて働きたくないという者がいるだろう。しかし、他方には、最低限の所得が保障されるという安心感から、給与の多寡にかかわらず、やり甲斐のある仕事に就き、積極的に働くという選択をする者もいる。

駒沢大学経済学部の井上智洋准教授は著書『人工知能と経済の未来』（文春新書、二〇一六年）において、「純粋機械化経済において、（失職した）労働者の所得を保障するために最もふさわしい制度は『ベーシックインカム』である」と主張し、「一人当たり月額七万円程度にBIの支給額を設定するのが、極度のインフレを回避できるという意味で、望ましい」と主張する（引用には筆者なりの要約部分がある、以下同様）。

これだと年間支給総額は約一〇〇兆円になるが、原田泰氏の『ベーシックインカム』（中公新書、二〇一五年）を参考にして、「年金の政府負担、児童手当、生活保護の廃止、中小事業対策費、公共事業費、農林水産事業費（いずれも所得保障を目的の一つに据える）の一部削減により、合計三六兆円がBIの財源に振り替えられる」という。さらに、「一〇〇兆円から三六兆円を差し引いた残額六四兆円を捻出するために二五％の所得税増税を実施する」ことを提案する。「年収四〇〇万円の人の純負担は一人暮らしならば、増税額の一〇〇万円から給付年額の八四万円（七万円×一二）を差し引いた残りの一六万円に過ぎない。（中略）三人家族のBI給付額は八四万円×三＝二五二万円。増税額が一〇〇万円なので、この世帯には一五二万円の純受益が発生する。（中略）基礎年金のみで暮らしていた一人暮らしのお年寄りの収入は、年金の国庫負担の廃止に伴い、年九六万円（八万円×一二）ほどの基礎年金は半額の四八万円に減額されるが、BIが上乗せされて一三二（四八＋八四）万円に増える」という試算結果が示される。

以上の試算は、井上氏の言う「純粋機械化経済」（ＡＩやロボットなどの機械が生産の主力になる経済）とはまったく無関係な話である。なぜなら井上氏は個人所得税の増税をＢＩの財源に充てようとしているからだ。個人所得の大半は雇用者所得なのだから、「ＡＩの発達により雇用を奪われ、収入源を断たれる人が増えてくる」。したがって、雇用者所得が激減するであろう「暗澹たる未来」の解決策の提案としては納得がいかない。まるで「捕らぬ狸の皮算用」のように思える。

さらに井上氏は次のように言う。

「純粋機械化経済では、ＢＩの実施は一層容易になる。そこに至ると、年々成長率が上昇していくような爆発的な経済成長が成されるので、得られる税金も爆発的に増えてゆく。ＢＩの財源に頭を悩ますことがバカらしくなるほどの税額が得られるようになるだろう」。「税収の増大に合わせて給付額を増やしていくこともできる。所得の一定率、たとえば二五％をＢＩに充てるといったルールを採用した場合、経済成長率と同じような率でＢＩの額は増大していくことになる」。

なぜ「爆発的な経済成長」が実現するのか。なぜＡＩ社会においても個人所得税収が経済成長率と同じ率で増えてゆくのか。そのゆえんを井上氏はまったく説明しない。約五

○%の世帯の世帯主が失職し、収入ゼロという状況下、世帯単位の生活保護よりBIが望ましいとする論拠もまた納得しがたい。収入ゼロの二人世帯の月収が一四万円、子ども三人の五人世帯が月収三五万円。後者の月収は、つましい生活を送るに足る額であるのに対し、前者の月収は、最低限の生活を送るには不足と言わざるをえない。少子化対策として有意な効果は期待できるものの、家族人数によって給付額に大差が生じるBI制度が、生活保護より望ましいとする井上氏の判断の根拠は不明である。

井上氏は「BIなきAIはディストピアをもたらす。しかし、BIのあるAIはユートピアをもたらす」と結論する。しかし、井上氏の「ユートピア国」では、(後述する野村総合研究所とオックスフォード大学の共同研究の結果が仮に正しいとすれば)労働力人口の約二人に一人が「毎日が日曜日」という状況に置かれることとなる。そうした人々は、さぞかし余暇を持て余すことだろう。そんな社会が持続可能であるとはとても思えない。

人間が幸福感を味わうための必要条件の一つは、何らかの意味での「参加」の実感である。井上氏の「ユートピア国」では、就業、人的交流、社会貢献といった参加の機会を阻まれ、BIでつましい生活を送りつつ、暇を持て余す人が二人に一人の割合で存在する。私に言わせれば、これぞまさしくディストピアにほかなるまい。

工場無人化や事務のＡＩ化で労働者が大幅減少

そこで、第四次産業革命によって生じる失業問題の解決策を探ってみることとしよう。

まず、ＡＩ化がもたらすマクロ的変化を見てみよう。国民所得は一年間に国内に居住する個人・国内に本社を置く法人が国内外から稼ぎ出す付加価値の総和であり、国民総生産とほぼ同額である。国民所得（要素費用表示）は、生産に貢献した資本と労働に分配される。労働に分配される所得は雇用者所得となり、資本に分配される所得は法人所得、利子所得、配当所得、役員賞与に再分配される。二〇一六年度の労働分配率（雇用者所得／国民所得）は六八・九％だった。人口の約半分である六〇〇〇万人弱が雇用され、生産に貢献しているのだから、年間に生産される付加価値の七〇％近くが労働者に分配されるのは応分の報酬だと納得する読者は少なくあるまい。

しかし、第四次産業革命の結果、多くの工場では工員がロボットに置き換えられ無人化し、事務労働の大半もＡＩ任せとなり、事務所にはパソコン一台が備わるだけになる。

さらに、製品の革命的技術革新は、その製品を生産する企業だけでなく、関連産業に大きな影響を与えないではすまない。たとえば、自動車がＥＶ化・ＦＣＶ化することにより自動車関連就業者数の減少が予想される。主として、ガソリンスタンドの従業員や部品メーカーの就業者数は激減することだろう。

また、ＡＩによる業務の飛躍的な効率化のせいで、医師、弁護士、会計士など専門職の必要数が減り、専門職の補佐役は不要になると、少なく見積もっても、労働力人口六七二〇万人の一〇―二〇％（後述）が失職せざるをえないだろう。失職者は、ＡＩやロボットによる代替が難しい既述の職種（高級飲食・接客業か初等中等教育の教員など）か、もしくは機械化するよりも人間を雇うほうが安上がりな介護、建設、小売り、清掃などに職を求めざるをえなくなる。

公共サービスや環境、研究、文化、芸術分野の振興を

さて、労働者の所得には国税と地方税が課せられるが、ここでは話をわかりやすくするため、地方税は無視し、国税のみに絞って考察しよう。現行の累進所得税制の下では、高額所得者に課せられる国税の税率は被課税所得の四五％近くだが、低額所得者のそれはゼ

ロである。日本の所得税制の下では、雇用者所得全体に占める所得税の割合は五％前後にとどまる。他方、利子・配当所得の税率は一律二〇％であり、法人所得の税率は二三％前後である。

後述する野村総研・オックスフォード大学共同研究の「雇用者の四九％が職を失う」という結論に仮に従うならば、労働への分配率、すなわち国民所得に占める雇用者所得の割合は約六九％からほぼ半減することになる。資本に配分される所得の平均税率を二二％とすると、国の所得税収は約五九％増えることになる。二〇一七年度の所得税収（個人所得税収と法人税収を合わせて三二・三兆円）を前提とすれば、個人所得税と法人税を合わせての税収は約一八・五兆円増加する。消費税率約七・五％に相当する税収増を賢く使えば、雇用問題に対処することが可能となる。

失業者を公共サービス部門で雇用することが最優先事項である。例をいくつか挙げてみよう。初等中等教育の教員数を倍増して、本格的な少人数学級制度を実現する。介護職員を増員し、その費用を政府が負担する。医師や看護師の待遇を改善し増員を図り、医療の地域間格差を解消する。環境保全のための人と資金を大幅に増やす。目下のところ政府は、経済成長に貢献する産業技術の振興に集中的に国費を投入し、人文社会科学、芸術など、経済成長への直接的な貢献は無きに等しいけれども、経済的に満ち足りた社会においては、人々の関心を誘う知的活動の振興に国費を投入し、人文系研究者、芸術家や作家を多数輩出し、世界的に高い評価を得るような芸術作品、文学作品、歴史・哲学の研究成果を生み出すよう資源配分を見直すべきである。

技術革新による失業率の上昇に関するケインズの見解

ジョン・メイナード・ケインズもまた、同様な趣旨のことを述べている。

一九三一年、ケインズは「労働力の新たな使途を発見しうる速さを、労働力の使用を節減する手段の発見の速さが凌駕する」ために生じる技術的失業の可能性を予言した(『説得論集』)。以下、その要約に私見を加えて述べておこう。

技術革新は労働力の効率化(機械による代替)を急速に推し進め、その結果、職を失う人が増える。他方、労働力の新たな使途の発見(新しい職業の創出)のスピードは後れをとりがちだから、少なくとも一時的に失業率は上昇する。

技術革新に起因する失業は、短期的には人々を苦しめるものの、「人類が自らの経済の問

ジョン・メイナード・ケインズ（1883〜1946年）
（©TopFoto/アフロ）

題を解決する」ことを意味するから、長期的には大いなる恩恵である。経済的な必要が満たされると、人々は経済以外の目的に時間と精力を捧げようとする。機械は労働生産性を向上させ、人類を労役や苦難から解放する。機械は生産の限界費用を押し下げ、安価なモノとサービスが手に入るようになり、人々の生活の利便性と快適性を飛躍的に高める。

そのおかげで、広義の経済（所得、資産、所有、生産、技術）への関心は相対的に薄れ始める。多くの人々が「人間、いかに生きるべきか」といった倫理的な設問、「自然環境の破壊をいかにして防ぐべきか」、「生物多様性をいかに維持すべきか」などといったエコロジカルな課題に、多大な関心を注ぐようになる。国は、文学、芸術、歴史、哲学等々、経済とは無縁であるがゆえに等閑視または冷遇されてきた学術研究・啓発活動を、人々の要望に応えて振興せざるをえなくなる。技術革新が経済の問題を解決して、はじめて経済にとっては無用と思しき人文学、文学、芸術が復権を遂げるユートピアが到来するのである。すなわち、第四次産業革命によってケインズの思い描いた理想が達成されるのである。

第四次産業革命によって格差拡大の恐れも

ＡＩ化の進展は国家間、個人間の格差を拡大させる可能性がある。一例として、南北格差の拡大について見ておこう。

二〇世紀末から二一世紀にかけて、南北格差すなわち国家間の経済格差は劇的に縮小した。「南」（発展途上国）の相対的に安価な労働力を有効利用するべく、製造コストの削減を求める「北」（先進国）の製造業各社が生産拠点を途上国に移転させた。その結果、東アジアの発展途上諸国の工業化が進み、高度経済成長の軌道上をばく進することができた。

ところが、ＡＩ化＝高度な自動機械化により、生産要素としての労働力の必要量が減れば、先進諸国の製造業各社は生産拠点を途上国に移転するインセンティブを失う。途上国に移転した生産拠点が店じまいすれば、当然のことながら、途上国には失業者が溢れることになる。

個人間の所得格差も拡大する。先ほど、専門職の補佐役の仕事は不必要になるとの予測を述べたが、そうした仕事の従事者の多くは女性である。したがって、女性の失職率は男性のそれを上回り、いわゆるジェンダー格差の拡大が予想される。

二〇三〇年までに労働者の四九％が失職の予測も

ＡＩ化の進展に伴い、定型的業務のかなりの部分がＡＩにより代替される可能性について見てきた。野村総合研究所とオックスフォード大学が、六〇一業種を、ＡＩにより代替される職業と、代替されない職業に分別する共同研究を行っている。この共同研究によると、二〇三〇年までに日本の労働力人口の四九％、すなわち約半数が失業するとのことだ。野村・オックスフォードの共同研究の信ぴょう性について吟味していこう。

二〇一五年一二月二日、野村総合研究所（ＮＲＩ）が「日本の労働人口の四九％が人工知能やロボット等で代替可能に―六〇一種の職業ごとに、コンピュータ技術による代替確率を試算」と題するニュースリリースを行った。オックスフォード大学のマイケル・Ａ・オズボーン准教授とカール・ベネディクト・フレイ博士とＮＲＩの共同研究の成果である。機械学習が専門のオズボーン准教授と経済学者のフレイ博士は、アメリカについては一三年に、イギリスについては一四年に、同種の結果を公表している。ちなみに、アメリカの代替可能労働人口は四七％、イギリスのそれは三五％とのことである。

算出の方法は、個々の職種がＡＩとロボットによって代替される確率（可能性のレベルを〇から一までの数字で表現）を試算し、その値が〇・六六以上の職業は消滅すると評価される。要するに、日本では消滅確率が〇・六六を超える職種の就業者総数が全六〇一業種の就業者総数の四九％を占めるというのである。「人工知能のせいで二人に一人が失業する」との結論は、当然のことながら、マスメディアで大きく取り上げられた。

職種別の消滅確率の計算に「教師付き機械学習」という手法が用いられている。この手法では、数値データで表された各職業の定量的・定性的特性を予め与えられた数式に当てはめ、それぞれの「消滅確率」を計算する。「予め与えられた数式」を定式化するのは「教師付き機械学習」における「教師」なのだが、共同研究の「教師」はオズボーン准教授とフレイ博士の二人にほかならない。つまり、計算の前提条件に、二人の研究者の恣意的な見解が入り込むことは避けがたい。

ＡＩには暗黙知を習得し、使いこなすことはできない

実際、共同研究の各職種の消滅確率の一覧を見ると、にわかには信じがたい数字が次々と出てくる。たとえば、公認会計士の消滅確率は八六％、税理士の消滅確率は九三％とされているが、会計士や税理士の職業がなくなるとは、少なくとも筆者には考えにくい。なぜなら会計士の仕事は、単に帳簿の数値の整合性を確かめるだけではないからだ。長年の経験に基づく暗黙知に照らして、分析する企業の経営の問題点を発見し、経費削減の可能性や経営手法の改善について提案する。こうした提案は、ＡＩにはできそうにないからだ。

形式知と暗黙知について、臨床医を例に取って考えてみよう。医師が専門書や論文の解読を通じて身に付ける知識が形式知である。他方、多数の患者の問診と治療を通じて培われる医師の勘や直感などが暗黙知である。医師は、これら二つの知を融合させることによ

り診断を下す。名医と呼ばれる医師は、形式知はむろんのこと、豊富な臨床経験を通じて蓄積された膨大な暗黙知の持ち主である。暗黙知は、文章、図表、数値、数式、画像により表現することはできないから、ＡＩにそれを教えることはできない。論文・情報から学習する知識は、文章、数値、画像などで表現される形式知に限られる。言い換えれば、臨床経験を積む（＝暗黙知を習得する）機会がＡＩには閉ざされているのだ。がんの診断・処方において、暗黙知を欠くワトソンを凌ぐ名医は多数存在するに違いない、と筆者は確信している。

さらに、この共同研究は学者の消滅確率を計算しているが、消滅確率が相対的に高いのは、法律学者五一％、薬学者三六％、化学者二三％、物理学者一七％などである。他方、消滅確率が非常に低いのは、心理学者、社会学者、動物学者、歴史学者などである。つまり、標準的教科書が存在しており、形式知が整っている分野の学者は、総じて消滅確率が高いと判定されている。ＡＩに教科書を全部覚え込ませること、すなわち形式知をたたき込むことはできる。しかし、学者という職業に必要な暗黙知は、文章、数値、数式で表現できないから、ＡＩに伝達することは不可能である。いささかの暗黙知すら持ち合わさないＡＩの判断は、膨大な形式知と論理的思考のみに依存している。野村・オックスフォード共同研究は、専門職に不可欠な暗黙知の存在を無視しているからこそ、「物理学者の消滅確率は一七％」という、とんでもない結論を導くのである。

第四次産業革命により消滅する職業はそれほど多くはないけれども、ほとんどの職業がＡＩやロボットによって効率化されることは確かだから、程度の差こそあれ、多くの職種の就業者数は確実に減少する。したがって、野村・オックスフォード共同研究が予測する「労働力人口の四九％が失業する」は過大であるにせよ、一〇―二〇％程度の労働力人口が失職する可能性は十分にありうる。

他方、第四次産業革命が新しい仕事を産み出す可能性は極めて低いからには、失職者の大半は、ハローワークで仕事探しをせざるをえなくなるだろう。一念発起して新たな職業訓練を受けない限り、かつては忌避されがちだった「きつい」「きたない」「きけん」な仕事に、多くの失職者が就かざるをえなくなるだろう。

シェア・エコノミーの到来

欧米先進国や中国では、モノを「所有」するよりは、必要なときに必要な場所で、手間暇をかけずにモノを「利用」できるサービスが選好されるようになりつつある。こうした経済社会の在りかたを「シェア・エコノミー」と呼ぶ。日本でも、若者の自動車離れなどと言われ始めて久しいが、今時の若者は、自動車の所有に執着せず、カーシェアリングを選好する傾きを強めつつある。

先進諸国では、乗用車の世帯普及率は九〇%前後に達している。保有税、保険料、駐車料金、ガソリン代、道路の渋滞などにより派生する時間コスト等々、所有に伴うコストはばかにならない。

そこに目を付けたのが二〇〇九年創業の配車サービス会社ウーバー・テクノロジーズである。ウーバーは次のようなサービスを提供する。

用務先の最寄り駅まで電車で移動する。予めスマートフォンで予約しておいたタクシーか個人の乗用車（日本では禁止されている白タクに当たる）、または短時間単位で借りるレンタカーが駅前で待機しており、短時間で用務先に到着できる。レンタカーの場合、帰途、最寄り駅の駐車場に乗り捨てておけばよい。料金の決済、車の施錠、解錠などのいっさいをスマホが引き受けてくれる。シェア・エコノミーの産みの親は、ほかでもないスマホの爆発的普及なのである。

配車サービスの利用料金の年間累計は、自家用車の所有に伴う年間費用（購入費の償却費を含む）に比べれば、はるかに安上がりのはずである。いつでも、どこでも、必要な時に配車をしてもらえるから、途中で公共交通を利用して、短時間で目的地に着くことができる。現在地と目的地をスマホのアプリに入力すれば、最短の時間で目的地に到着できる乗り継ぎ法を提案してくれる。

日本では、高級車を所有することの「見せびらかし」効果は依然として無視し難いし、白タク規制なども災いして、配車サービス市場の規模拡大には限界がある。とはいえ今後、シェア・エコノミーは、乗用車のみならず、衣類、自転車、民宿などにも拡大していくものと予想される。

所有欲を失うことが実体経済に及ぼす影響は計り知れない。モノを所有せず、必要に応じて利用する。シェア・エコノミーの市場規模拡大がモノを売れなくすることは確かだが、生活の利便性を向上させることもまた確かだ。自動車メーカーを始め、製造業各社と小売店は、所有から利用への転換という環境変化に適応せざるをえまい。

第四次産業革命における日本の立ち位置と今後

最後に、第四次産業革命における日本の立ち位置と今後の展開の予想について簡単に述べておく。

（1）目下のところ、日本は第四次産業革命に後れを取っており、技術的には米中が先導している。ＥＶ（電気自動車）化の進展により、日本経済の屋台骨である自動車産業も、これまで培った世界最高水準のエンジン技術が不必要となるため、世界の自動車市場で後退を余儀なくされるだろう。日本が先行するＦＣＶ（燃料電池自動車）は、自動車そのものが高価なことに加え、インフラとしての水素ステーションの建設費が高価なことも手伝って、大規模な普及は望めそうにない。

（2）ＡＩは大量の電力を消費するため、電力価格の高い日本の製造業の [illegible] 争力は低下するだろう。電力価格が相対的に安い豊富な水力資源に恵まれたアメリ [illegible] ウェー、カナダ、アイスランドなどが有利になる。人工知能の利用者は、自ら [illegible] ータを持つ必要はなく、コンピュータ処理をネットワーク経由でサービ [illegible] する、いわゆるクラウドコンピューティングに頼らざるをえなくなる。コンピュータ処理を行うメインフレームコンピュータ（数百台を並列）は、電力料金の安い国または地域に立地することとなろう。利用者は従量制または定額制でクラウドサービスプロバイダーに利用料金を支払う。オンサイトで大型コンピュータを置く必要がなく、パソコン一台と良好なネット環境がありさえすればよい。メインフレーム・コンピュータは電力料金の安い国々で稼働するから、その他の国々の電力消費は激減するだろう。

（3）レベル5の自動運転の基本ソフトをグーグルに独占されてしまう可能性は少なしとしない。パソコンの基本ソフトであるマイクロソフトのウインドウズ、スマホの基本ソフトであるグーグルのアンドロイドなどと同様のことが、完全自動運転車でも繰り返されるのではないかと懸念される。コンピュータの高速化はＡＩの消費電力の削減を意味するが、そのためには画期的な技術革新が必要だ。量子コンピュータがその有力な候補と取り沙汰されるが、未だその前途は遼遠である。

（4）これからの雇用対策として、資本集約度の高まり（生産の機械化と人間の労働からの解放）を受けて、増加する税収を、教育の充実、芸術・文化の振興、公的サービスの拡充などに充て、ケインズが理想として掲げた社会の実現に向けて邁進すべきである。

第Ⅱ部

討　論

パネル・ディスカッション

パネリスト　佐和隆光
諸富　徹
軽部謙介
コメンテーター　末光大毅
司会　小嶋大造

小嶋（司会）　講演いただいた皆さんには、時間が限られている中で、非常に盛りだくさんな内容をお話いただきました。まず皆さんから、ご自身の講演の補足、あるいは他の講演を踏まえたご意見などについてお伺いしたいと思います。諸富先生、軽部解説委員、佐和先生の順にお願いします。

説明責任を果たしているか

諸富　日銀の金融政策の出口について少し補足します。現在の日銀による国債購入はいつか終了しなければなりません。ピーク時には年額八〇兆円に達していましたが、現時点では四〇兆円まで低下しています。これをさらに減らしていき、いずれは購入金額をゼロにまで持って行くのだと思います。アメリカの中央銀行であるＦＲＢ（連邦準備制度理事会）も数年前から国債購入の減額に着手するなど金融政策の正常化に取り組んでいます。米中貿易摩擦で景気拡大に鈍化懸念が出てきたことから、ＦＲＢは利上げの停止に追い込まれていますが、景気が再び上向いてインフレ懸念が出てくれば、国債購入の減額や利上げを再開することになるでしょう。

日銀が国債購入を減額すると何が起きるでしょうか。まず日銀に損失発生の懸念が生じます。

物価が上昇過程に入ると名目金利が上昇し、国債価格は下落します。日銀が国債の購入額を減らせば国債市場で買い手が減り、国債価格はさらに低下します。国債価格が下落す

れば、日銀が大量に保有する国債の価値が大きく目減りします。これが一つ目の問題です。

日銀が国債購入を減額する一方で、資産として保有する大量国債を市場で売却すれば、自分で自分の首を絞めることになります。日銀はそれがわかっているので、保有国債を満期まで持つかもしれません。その場合、日銀がこれまでゼロ金利時代に購入した国債の金利よりも、金融機関が日銀内に持つ当座預金への付利の方が高くなるとみられており、それゆえ「逆ざや」に陥って日銀は損失を被るだろうという指摘もあります。

一般的には日銀は後者を選択するのではないかと予想されています。日銀が保有する国債はゼロ金利時代に買ったものが多く、それから得られる金利収入はそれほど多くありません。それに対して金融正常化のプロセスでは金利が上昇するため、日銀が民間金融機関から受け入れている当座預金に対して支払う金利の総額は大幅に増加するのです。ここで逆ざやが生じる可能性があると言われています。

この逆ざやに関する推計が盛んに行われており、数兆円から一〇兆円規模の損失が発生すると言われています。それを最終的に誰がどう負担するのか。まず日銀が政府に納めている国庫納付金が減額されるでしょう。赤字が拡大した場合はどうするか。日銀を倒産させるわけにいかないので、当然、政府

「最終的に国民負担の発生が避けられないのなら、財政民主主義の観点から負担はどれぐらいになるのか、誰がどのように負担するのか、そして責任は誰がとるのか、厳しく問われなければなりません」―諸富　徹

が支えます。日銀の債務超過を回避するために多額の税金が投じられ、最終的に国民負担になって跳ね返ってきます。

巨額の財政赤字を日銀の国債大量購入でファイナンスしたおかげで増税せずに済んだと思われていますが、結局、出口では回り回って国民の税金を使って日銀の赤字を補填することになります。この点を押さえて議論しないといけません。

黒田東彦・日銀総裁は記者会見で量的緩和の出口戦略について質問されると、出口の議論はまだ早い、時期尚早と門前払いしてきました。しかし最終的に国民負担の発生が避けられないのなら、財政民主主義の観点から負担はどれぐらいになるのか、誰がどのように負担するのか、そして責任は誰がとるのか、厳しく問われなければなりません。かつて日銀理事や京都大学教授も務めたことのある翁邦雄氏は、その点を的確に指摘された数少ない論者の一人です。黒田総裁はもっと透明性の確保や説明責任を果たすべきです。

ファクト（事実）を重ねて世に問う

軽部　佐和先生から、新聞、出版は衰退産業だという指摘がありました。確かに今、各新聞社は購読者数の減少で経営が大変になっています。しかし、アメリカの『ニューヨーク・タイムズ』紙はネット版の購読者数が順調に増えて業績を伸ばしています。

アメリカでは『USAトゥデイ』を除けば全国紙がありません。『USAトゥデイ』も全米のホテルでは目にしますが、いわゆる日本でいう全国紙とは異なります。『ワシントン・ポスト』や『ニューヨーク・タイムズ』も、ワシントンやニューヨークの地方紙という位置づけです。ところがインターネットはアメリカ国内だけでなく、世界中で読むことができます。情報の媒体が紙からネットに移るということで、日本の新聞社やマスコミもネットに力を入れています。最近でも、これまで紙媒体にこだわり続けてきた大手紙が大々的にコマーシャルを打ってネットを始めました。新聞や出版が本当に衰退産業になるのか。インターネットをどれだけうまく活用できるかにかかっています。

二点目は日本銀行の金融政策についてです。諸富先生が指摘されたように、黒田総裁は量的緩和の出口についてはっきりしたことを述べていません。私は記者会見に頻繁に出ているわけではありませんが、黒田総裁は答弁にたけています。記者の質問をするりとかわしてしまう。私の講演と絡めて言えば、ファクト（事実）で迫っていくしかありません。

日本銀行はすぐれた組織です。大学や大学院で経済学、金融論を修めた優秀な人が多く入行し、多彩な研究をしています。その中の誰かが必ず出口戦略の研究をしており、何種類もの研究論文を書いているはずです。将来のシミュレーションをしながらベストな出口戦略を探っているはずです。守秘義務が絡むので難しいことはわかっていますが、ジャーナリズムの役割は、例えばそうした論文を探し出して世の中に知らせることです。

金融政策でもう一つ言えば、二〇一五年に保有国債の毀損に備えて日銀が引当金を積んだことがありました。なぜ引当金を強化したのか。恐らく出口戦略を強く意識したからでしょう。し

「日本銀行では誰かが必ず出口戦略の研究をしており、何種類もの研究論文を書いているはずです。ジャーナリズムの役割は、例えばそうした論文を探し出して世の中に知らせることです」―軽部謙介

かしそれは実に地味で難しいテーマです。当時のメディアが大々的に取り上げたという記憶はありません。

日銀がその時点で何を考えていたのか。なぜあの時点だったのか。引当金の積み増しには政省令改正が必要です。なぜ日銀は外部に働きかけなければならないことを行ったのか。そのとき財務省との間でどのような議論が戦わされたのか。ジャーナリズムが適切に検証し、国民に提示していかなければなりません。それは出口議論の先取りというか、きっかけになるかもしれないからです。

アベノミクスの賃金政策

軽部　三番目ですが、私が二〇一八年二月に出版した『官僚たちのアベノミクス』(岩波新書)の中で書き残したテーマがあります。それは賃金についてです。厚生労働省が公表している「毎月勤労統計」の不適切調査が国会で問題になりました。アベノミクスの効果で本当に賃金が上がっているのか、いないのか。大きな争点になっています。

アベノミクスが始まった二〇一三年から、安倍政権内ではこの賃金を強く意識していたと考えられます。二〇一三年九月から開始された政労使会議は、賃上げ実施の舞台装置とみていいでしょう。この政労使会議の議論をたどると何かみえてくるのではないか。実は今、その作業にも取り組んでいるところです。

なぜそんなことをするのか。それがアベノミクスの性格を知る上で重要な手がかりになるからです。

政労使会議で、経団連が「私たちが積極的に賃金を引き上げますから、安倍首相ご心配なく」と言ったのか。労働界が「われわれがベアを強硬に要求しますから、政府はお構いなく」と言ったのか。それとも安倍政権が「そんなことではいけない。君らに任せておけない。賃上げはこれぐらいを目標にしなければだめだ」と労使両方に迫ったのか。大いに関心のあるところです。

私は講演の中で、結果が同じ「2」になる政策でも「1＋1＝2」と「0＋2＝2」とでは内容が大きく異なる、その意思決定過程の検証が必要と申し上げました。政労使会議で賃金の引き上げが決まったとしても、それが「1＋1」だったのか「0＋2」だったのかを押さえておく必要があります。

私は記者なので、アカデミズムのロジックよりも感性で動く習性があります。アベノミクスの賃金政策に注目せよという声が聞こえるというと、何か神がかっているようですが、やはりこの問題をフォローすべきだという気がしています。安倍政権下で政労使会議が開催される前の年まで、経団連は賃上げをする状況ではないと断言していました。ところが一年後には経団連の文書に賃上げに向けて努力するという一八〇度方針転換の文言が入りました。そこに一体何があったのか。

安倍政権が経団連に強烈に賃上げをプッシュしたのであれば、この政権の性格は非常に高圧的であることがわかります。賃金決定は自由主義経済の企業にとって重要な意味があります。権力者が勝手に決める話ではありません。

講演の内容と重なりますが、安倍政権は、官邸主導、安倍首相主導の政権です。安倍主導の経済政策は後世にどう位置づけられるのか。単純化して言えば、規制緩和に積極的な政権だったのか、それとも保護主義的な政権だったのか。その判断材料として歴史の記録を残しておくことは、ジャーナリズムの大切な使命です。

人工知能（ＡＩ）で消える職業

佐和　軽部さんからいただいたコメントについて一言付言いたします。将来、出版社や新聞社が消えてなくなるのではなく、仕事の内容が変わると申し上げたつもりなのです。ＡＩに真似のできない編集者や記者の仕事は、コンテンツ作りです。コンテンツは紙だけでなくインターネットを通じて世の中に広く行き渡ります。新聞記者や編集者の活躍の余地はますます広がることになります。

もう一点、野村総合研究所・オックスフォード大学の共同研究では、多くの職業が消滅すると結論されていますが、ＡＩによる労働生産性向上のおかげで、専門職も含めて、ほとんどの職業の生産性が向上し、就業者数が減少し、アシスタント的な仕事が不必要になります。要するに、消滅するのはアシスタント的職業であって、専門職などは消滅しないけれども、必要な人数が減るのです。

たとえば、弁護士の職業がなくなることは未来永劫ありません。しかし、法律事務所のアシスタント的な仕事が、近い将来、消滅することはほぼ確実です。関連する過去の判例の検索、関連資料の収集と分析、書類作成などはＡＩ任せで十分です。

話はやや飛躍しますが、アシスタント的業務が不要になる一方で、外国人の単純労働者が今後どんどん日本国内に入ってきますから、一〇年後、二〇年後には、これまでは慢性的人手不足だった３Ｋ（きつい、汚い、危険）職場しか求人がなく、ＡＩに仕事を奪われた人々と定住外国人労働者の間で熾烈な仕事の奪い合いが起こる可能性があります。

保守対リベラルの妄想

佐和　メインテーマである政策の問題に

「10年後、20年後には、AIに仕事を奪われた人々と定住外国人労働者の間で熾烈な仕事の奪い合いが起こる可能性があります」
―佐和隆光

ついての私見を申し上げます。一九九一年にソビエト連邦が解体し社会主義が崩壊した後、一九九〇年代半ばから二一世紀最初の一〇年にかけて私は、日本も保守対リベラルの対立軸が政治力学の要になる、あるいはなって欲しいと発言してきました。

ところが、それは私の妄想に過ぎませんでした。二〇〇九年の総選挙で民主党が圧勝し、鳩山由紀夫内閣が誕生しました。鳩山氏は生粋のリベラル色を鮮明にし、保守主義の自民党とリベラリズムの民主党の対立軸が「みえる化」されました。

自民党の国会議員が皆保守主義者というわけでは必ずしもなく、元首相の中で、中曽根康弘さんと小泉純一郎さんが保守色を鮮明にした政治家でした。中曽根元首相は国鉄、電電公社、専売公社を民営化しました。各種の政府規制を緩和して「小さな政府」を目指しました。ちょうど同じころ、アメリカではロナルド・レーガン大統領が、そしてイギリスではマーガレット・サッチャー首相が保守色を鮮明にして政策運営に当たっていました。日米英三国の政権は意気投合し、新保守主義改革すなわち市場万能主義の立場に立っての構造改革に取り組んだのです。

小泉元首相は二〇〇一年四月から約五年半、政権の座に就いていました。小泉元首相も筋金入りの保守主義者でした。小さな政府を志向し、郵政三事業の民営化を断行しました。

保守主義者は、経済の面では、市場は万能であるという信念のもと、「官から民へ」権限を委譲することにより、経済は効率よく機能すると主張します。一方、社会面では、秩序と伝統を重んじ、多様性を評価せず、異端を排除しがちです。保守主義者が靖国神社参拝にこだわるのは、その典型例です。

鳩山政権は短命に終わりましたが、鳩山氏はリベラリズムに忠実な政治家でした。リベラリズムとは、市場は万能どころか不完全だとする立場です。失業のような不均衡、あるいは景気後退という不安定性を回避するためには政府の市場介入が必要だとリベラリストは主張します。政府の役割を重視するのみならず、なくてはならないものだと考えます。弱者を救済し、経済的な格差をできるだけ解消する。所得税制の累進度を高める。福祉を充実させる。これらがリベラリズムの経済政策なのです。社会面では、多様性を容認し、個人主義、自由主義、民主主義という西欧近代の思想を尊重する。アメリカでは共和党が保守、民主党がリベラル、イギリスでは保守党が保守主義、労働党がリベラリズムです。現在の労働党は社会民主主義に近寄っていますが、ブレア政権の労働党は生粋のリベラリズムを目指していました。

政治は保守、経済はポピュリズム

佐和　安倍政権はどのような立場なのか。一言で言うと、秩序と伝統を重んじ、多様性を容認しない、一三年一二月には靖国参拝をする（その後は自粛して真榊を奉納するにとどめる）という点で、政治的・社会的には保守主義といえますが、経済的には必ずしも保守主義ではない。小さな政府ではなく、大きな政府を志向しているのではないでしょうか。

軽部さんも仰っておられた通り、賃金は本来なら労使双方の交渉で決めるべきものです。ところが、安部政権の下では「政府が賃上げを求める」という不可思議なことが起きている。市場経済の原理・原則に反する反市場主義的な言説が平然とまかり通っている。

消費税増税とのからみで、幼保無償化や高等教育の条件付き無償化を安部政権は唱導しています。その他諸々を含めると、経済面では、安部政権の施策はポピュリズムにほかなりません。

小嶋（司会）　ありがとうございました。それでは次に、皆さんに伺います。

軽部解説委員と諸富先生の講演からは、政策をどのようにみるか、その視座を提示いただいたと思います。たとえば責任の所在が明確かどうか、これを検証するための意思決定過程が透明かどうか、また権力の分立によるチェック・アンド・バランスが効いているかどうか、といったことです。

佐和先生の講演からは、第四次産業革命という時代の大きなうねりの中で、どのように適応するべきか、日本の立ち位置と今後求められる方策について、お示しいただきました。

こうした皆さんの講演から言えることは、広い意味で、社会をみる座標軸を身

「皆さんの講演から言えることは、広い意味で、社会をみる座標軸を身につけていくことが大切ではないかということです」―小嶋大造

につけていくことが大切ではないかということです。このことは、大学においては教育のあり方にかかわることです。また若い世代にとっては社会に出てからも、そうした座標軸を身につけていくこと、そしてそのためには何を大切にすべきかということが、問われてくるのではないかと思います。

そこで、社会をみる座標軸を身につけていくこと、そうした観点から、佐和先生と諸富先生には、今後の大学教育のあり方についてどのようにお考えか、お伺いいたします。また、軽部解説委員には、報道に携わる若い方々に向けて、社会をみる座標軸として何を大切にしていくべきだとお考えか、ご自身の具体的な経験を踏まえながら、お聞かせいただけますでしょうか。

佐和先生、諸富先生、軽部解説委員の順にお願いします。

古典が育む視野の広がりと批判精神

佐和　私が大学の経済学部の学生だったころと今とでは、学ぶ内容が大きく異なっています。昔はまず古典から勉強を始めました。マルクス、アダム・スミス、ケインズを読み始め、ほとんどの人は途中で挫折しましたが、とにかく本棚には並べてありました。ところが今の学生は教科書でしか経済学を学ばなくなった。これは大問題だと思います。

教科書に書かれている知見はすべて形式知であり、暗黙知を学ぶには古典に頼らざるをえません。加えて、現実の経済問題を自分の頭で考えることが必要です。昔は、よく徹夜で議論することがありましたが、そうした議論を通じて、経済に関する暗黙知を獲得することができたのです。

物理学者は物理的直観を身につける必要性を強調します。経済学でも同様です。経済的直観を身につけるには、古典と格闘し、さまざまな現実の経済問題について意見を戦わせることが必要にして不可欠なのです。経済をみる眼をやしなうというのは、そういうことなのです。教科書を読んでいるだけでは、経済的直観は決して身につきません。

昔は、大学の新入生は、中学生、高校生のころに夏目漱石や森鷗外など日本文学の古典を一通り読んでいるのが当たり前でした。西洋の文学作品や哲学書も多少は読んでいました。アメリカの学士課程の学生は、授業の宿題で、西洋古典を読むことが義務づけられています。一方、日本の学生は教科書しか読みません。これこそが大問題なのです。西洋古典を読み込めば、視野が広がり、批判精神が磨かれます。人文学的な素養を身につけてこそ、大学で社会科学を学んだと胸を張れるし、社会に出ても役に立つことになります。

かつて経済学部出身で民間企業の社長になった人の大半は、大学でマルクス経済学を勉強していたのです。ミクロ経済学の初歩的教科書に載っている理論だけを勉強して会社に入っても、何の役にも立ちません。経済に関する暗黙知すなわち経済的直観を古典の読解を通じて育むことこそが、何よりも大切なのです。暗黙知や経済的直観は会社の仕事に直接は役立ちませんが、文科省が「真の学力」と定める思考力・判断力・表現力の基礎となるのです。

講義から対話へ

諸富 佐和先生のお話に全面的に賛成です。私も佐和先生の著作を数々読んで学んできましたし、ゼミで実践しております。昨年度はジョン・ロールズの『正義論』を読みましたが、残念ながら学生は次々に挫折していきました。佐和先生の話に救われたのは、学生に古典を読ませるのは決して無駄ではないという点です。彼らが社会人になって数十年後に何かのきっかけで思い出してくれれば教師として冥利に尽きます。

少し別の話をします。佐和先生が講演でお話しされた第四次産業革命が進んで形式知がＡＩで代替されていくとなると、大学教育を受けた人たちは活躍の場所をどこに求めたらよいのでしょうか。創造性やマネジメント能力を生かせる場がその一つかもしれません。そうした能力を大学教育でどう身につけるのか。古典教育で素養をつける以外に何が必要なのか。

個人的には、講義形式から対話形式の教育システムに変えていかなければならないと思っています。

たとえば京都大学の経済学部では、一〇年以上前から入門演習を取り入れています。ゼミの履修は三学年（二年次から四年次まで）ありましたが、一回生には何もありませんでした。鉄は熱いうちに打てと言う通り、高校を卒業したばかりの一年次にも対話形式の教育をすべきだということで、「入門演習」という少人数クラス教育への機会を全学生に提供しています。

京都大学で問題になっているのは、学生の学力は入学時点が一番高く、そこから下がっていくだけという情けない状況です。大学は学生に付加価値をつけていない。その責任は大学だけでなく、採用する企業にもあるかもしれません。企業の採用担当者は、学生が大学時代にいくら勉強しても、いくら良い成績をあげても、あまり評価しません。

私が大学院時代にお世話になった先生で吉田和男先生がいらっしゃいます。財務省OBで、京都大学では公共経済学を担当されていました。吉田先生がよく話していたのは、企業は体育会系の出身者が好きだということです。そういう日本企業の採用方針も大学教育のあり方に影響しているかもしれません。

いずれにせよ、高校卒業したばかりの学生を相手に、対話形式での知をどう獲得させていけばよいのか。大きな

「どう創造性を発揮していくか。知というものをどう表現し、プレゼンテーションしていくか。仲間とディスカッションして、どのように新しい知を生み出していくか。そのやり方を学んでもらえるように実践しています」―諸富　徹

課題です。知識の大小を競ってもあまり意味がありません。知識へのアクセス自体はパソコンやスマホですぐできてしまう。どう創造性を発揮していくか。知というものをどう表現し、プレゼンテーションしていくか。仲間とディスカッションして、どのように新しい知を生み出していくか。そのやり方を学んでもらえるように実践しています。

対話型の教育はソクラテス・メソッドとも言われています。われわれは残念ながら教師になる過程でその訓練を受けたことがありません。トライ・アンド・エラーで挑戦しているだけです。高校を出たての新入生をみていると、最初は対話型の授業に慣れていないせいか戸惑っていましたが、最近はずいぶん変わってきました。アクティブ・ラーニングとして知られるように、中高等学校の教育現場でも、先生が一方的に教える授業から、生徒の自発的参加や共同学習を取り入れようとする機運が出てきています。大学はそうした芽を積極的に育てることだと思います。

権力と対峙すること

軽部　若い記者をみていて時々感じることがあります。やはりジャーナリズムは、常に権力と対峙するという感覚を研ぎ澄ませておくべきだということです。私たちよりもやや上の記者たちは全共闘世代ということもあり、中には活動家として警察官に追いかけられた経験がある方もいらっしゃるわけで、権力というものの怖さをよくわかっていました。また僕らの世代も「ジャーナリズムの重要な役割は権力の監視だ」と言われて育ってきました。監視するからには、あちら側とこちら側という区別がなければなりません。政府の話をそのまま受け入れてしまう怖さもよく知っているつもりです。もちろん、過去の自分の取材姿勢や書いてきたことなどを振り返れば反省するべき点は多々あるのですが、無警戒過ぎる若い記者をみかけることがあります。これは、世代論というよりも経験の差なのかもしれませんが。

さきほど話に出た日米間で始まる新しい通商交渉の略称はいい例です。安倍政権は今も「FTA」ではなく「TAG」で通していますが、二〇一八年九月の通商交渉合意の声明文や関連文書を子細に読み、あるいは国際常識に照らしてみると、これはまぎれもなく「FTA」です。GATT二四条の手続きを踏むのであれば、通常は「FTA」と言います。

今朝の新聞にも「TAG」の日米交渉が四月から始まるという記事が出ていました。そういう表現になっているのは、政府がそう言っているからです。しかし、同じ新聞社でもワシントン発の原稿では「ＴＡＧ」という表現はそれほど使われていません。「新しい通商交渉」とかいう言い方をしています。アメリカ政府は「ＴＡＧ」なんて一言も言っていませんから、ワシントンの特派員達はなぜかと考える。そして自分で日本政府の姿勢について是非を判断しているのだと思います。ところが東京発や官邸発の原稿をみると「ＴＡＧ」が無批判に出てくる。仮に官邸や外務省がそういう説明をしているにしても、それをそのまま使う必要はない。権力の言うことをうのみにしてはいけない。

ただ、私にもこんなに偉そうなことを言う資格はないのかもしれません。一九八九年から日米で行われたStructural Impediments Initiativeを、政府が示した「日米構造協議」という訳語で無批判に使っていました。正確に言えば「日米構造障壁協議」ですよね。日本政府はわざわざImpediments、「障壁」という単語を外して翻訳していたのですが、私はそれにまんまと乗っかってしまった。

私たちはもっと権力のしたこと、あるいはしようとしていることを検証するという姿勢が必要です。取材の仕方や取材先との付き合い方はさまざまでいいのですが、やはり最後は権力の側にいる人々との間で一線を引くことが大事です。うまく一線が引けないと、われわれは権力を持つ側のお先棒担ぎみたいな存在になってしまう可能性があります。これは自戒も含めて常に注意せねばなりませんし、若い記者にも伝えていきたいと思います（その後、新しい通商交渉が本格化した二〇一九年央にかけて、「TAG」と明記した報道は激減していった。メディア各社が不自然さに気づいたのだろう＝筆者注）。

若手にどう伝承するか

軽部　つまらない話で恐縮ですが、もう一つ感じるのは若い人が年の離れた先輩記者とお酒を一緒に飲みたがらないことです。私が駆け出しのときは先輩記者に連れられて、東京・新橋界隈の安い居酒屋で午前二時、三時ごろまで「オレたちの若いときは……」という話にさんざん付き合わされました。お酒を飲めばすべて解決するとは思いませんが、問題は年輩記者と若手記者の間で、こういう口伝の伝承が少なくなってしまっていることです。口伝の伝承は、後々、中堅になったときに生きてきます。残念ながら、若いときにはわかりません。

たとえば先輩がお酒の席で「いいか、オレはあの特ダネをこうして取ったんだ」ということを延々と自慢します。実際、私は何回も聞かされましたが、それを聞かされた若手もベテラン記者になればやがて同じ状況に立たされます。そのときに「あの先輩、こういうふうに言っていたよな」と思い出すのです。私は先輩の話を思い出しながら、自分なりの取材方法を考えるきっかけになりました。

若い人たちが中堅の域に達し、仕事で壁にぶつかったとき、どういう知恵を働かせて突破しようとするのか。断定的に言えませんが、先輩と若手のコミュニケーション不足や伝承不足が、これからのジャーナリズム、特に組織ジャーナリズムにとってマイナスになるのではないかと懸念しています。

ディテールから始まる

軽部　最後にもう一つだけ。若いときの経験がその後の記者人生を規定する、あるいは記者として社会をみる座標軸を構築するきっかけになるということが往々にしてあるのです。現場で取材をしていると、中央でも地方でも国家のパワーをみせつけられる瞬間がありま す。私は若いころ、福岡、沖縄と西日本の支社・支局を回りました。一九八五〜八七年は沖縄で仕事をしていました。八七年には沖縄で国体が開催され、開会式に昭和天皇が参列し、開会宣言することになりました。沖縄に初めて天皇が来る。しかも昭和天皇です。日本政府も大会関係者、沖縄県もみな緊張していました。結局は病気ということで来沖は実現しませんでしたが。

準備の過程で何が起こったか。文部省がまず県教育委員会に対し、卒業式とか入学式のイベントのときに日の丸を掲げ「君が代」を歌えという通達を出したのです。当時の沖縄では、日の丸を掲げる学校が数%足らずで「君が代」斉唱はゼロに近かったと記憶しています。

このとき沖縄は保守県政で、西銘順治氏が県知事でした。当然のことながら、教育長、教育委員会も保守派だったので、文部省の通達をそのまま各市町村の教育委員会に下ろしました。各市町村は革新系、保守系とさまざまです。革新系の市町村の中には、文部省の通達を無視して学校の現場に下ろさなかったところがかなりありました。さらに、仮に現場の学校に通達がきても、職員たちが反対した。「君が代」も歌わなければ日の丸も掲げない学校がかなりありました。

私はそのとき、国家意思というものがどのようにして末端の市町村に貫徹しようとするのかの好例をみていることに気づきました。そして、そのプロセスを取材し、原稿にしていくことで、政策意思がどうやって実現するのか、あるいはしないのかを検証するきっかけをつかんだような気がします。社会をみるときの座標軸、あるいは取材をするときの座標軸はこういうディテールを観察するところから構築が始まるということを痛感しています。若い記者にはその出会いというか気づきというか、そういう瞬間を大切にしてほしいと思います。

小嶋（司会）　ありがとうございました。

それではここで、会場の来賓からご意見をいただきたいと思います。本日は来賓として、奈良県庁の末光大毅・総務部

「社会をみるときの座標軸、あるいは取材をするときの座標軸はディテールを観察するところから構築が始まるということを痛感しています」―軽部謙介

長に来ていただいています。末光さんは、もともと財務省の職員であり、予算や税制、また経済政策全般と幅広い分野を担当されてきており、現在は奈良県庁に出向されています。

シンポジウムのテーマである「政策をみる眼をやしなう」ということについて、末光さんには政策に携わる者として、前半の皆さんの講演や後半の討論を受けてご意見やご質問を伺いたいと思います。そして、その末光さんのご意見・ご質問を踏まえて、パネリストの皆さんから最後に総括的なコメントをしていただくことにします。

結論の妥当性とプロセスに基づく正当性

末光　私は財務省に在職中、社会保障や地方財政に関する予算編成のほか、消費税率引上げに係る税制改正や政府税制調査会の設置などに携わっておりました。直近では、金融政策を含め経済政策全般にかかわる仕事を担当していたところです。二〇一八年の夏から奈良県に出向しており、今回、旧知の小嶋先生からお招きいただいた次第です。
最初にお断りだけ申し上げますと、本日、私がお話しする内容は、財務省や奈良県庁で得た知識、経験を背景にしておりますが、意見にわたる部分はあくまでも私の個人的な見方であって組織の見解を示すものではありません。その上で、せっかくの貴重な機会ですので、日ごろ考えているところを、いろいろ申し上げられればと思います。

本日は三名の先生方から、非常に興味深くかつ示唆に富むお話を拝聴することができ、感謝いたします。大変恐縮ではありますが、私からのコメントを順次申し上げます。

最初に、軽部先生のご講演についてです。

まず、意思決定過程の検証についてのお話がございましたが、実際に政策形成に携わっている職員の実感を申しますと、多くの場合、一連のプロセスの中で、それぞれ担当部分の経緯については詳しいものの、全貌については必ずしも詳細に把握していないケースも多いと思います。特に、関係者が多岐にわたる政策は、その傾向がより強いでしょう。したがって、ある政策に関し、インタビューなどで幅広く一次情報を集め、その形成過程の全体像を整理して示すことは、実はジャーナリストの方でないとなかなか難しいのではないかと考えています。その意味で、軽部先生の著作のように政策がどのように決まっているかを示していただく仕事は、政府内部で政策形成に携わる職員にとっても大変貴重な情報となっているとの実感を最初に述べておきたいと思います。

さて、政策形成プロセスに関して特に注目したいのは、最終判断に至るまでに考慮すべき論点が、しかるべく検討されているかどうかという点です。財政政策も租税政策も金融政策も、経済政策は広範な人々に多様な影響を与えるものです。それは、人によっては利益を得たり、あるいは不利益を被ったりする効果を伴います。こうした状況においては特に、行政がプロセスも重視することにより、最終成果物たる政策に、実質的な妥当性に加えて、ある種の正当性が付与されるものと考えています。とはいえ、すべての政策に適用できる定型的なプロセスがあるわけではありません。政策の決まり方は現実には千差万別であり、誰がどのように関与するかを細かくみれば、どれ一つとして

「経緯や関係者など政策の特性を十分に踏まえた上で、結論の妥当性とプロセスに基づく正当性の両面に十分に配意することが、政策形成において大変重要なことと思います」―末光大毅

同じものはないはずです。結局、そうした制約の中でも、経緯や関係者など政策の特性を十分に踏まえた上で、結論の妥当性とプロセスに基づく正当性の両面に十分に配意することが、政策形成において大変重要なことと思います。

三権分立など権力監視のための制度の趣旨を、いかに現実のものとしていくかも重要な課題です。中央官庁の職員は常日ごろから、もちろん、国会の議論に耐えられるかを強く意識しながら政策判断を行っています。一方で、単に国会への説明責任さえ果たせばこと足りると考えているわけでもありません。民主主義に基づく正当性の要請を満たすことは当然ですが、政策内容の実質的な妥当性についてもきめ細かく確保されていることが極めて重要です。

この点、政策報道は、選挙時に投票の判断材料を提供しているだけではなく、随時、世論の形成に寄与しており、国民の反応や支持率の動向などを通じて、時々の政権運営に少なからぬ影響を与えています。こうした政策運営に対する継続的なチェックも政策報道の役割の重要性のゆえんと言えるでしょう。ただし、世論が特定の見方に過度に傾くリスクには注意する必要があり、このため、幅のあるさまざまな見解が並び立つことも同様に大切だと思います。

日本銀行の説明責任

末光　諸富先生のご講演に関して申し上げたいと思いますが、多くは軽部先生の提示された論点にも通じるものと思います。

私が財務省で金融政策に携わっていた二〇一六年九月に「長短金利操作付き量的・質的金融緩和」が導入されました。その過程を間近にみていた立場からの個人的な感想としては、日本銀行は、非常に高度な専門性を持って経済金融情勢を緻密に分析した上で、新たな金融緩和の枠組みを独自に大胆かつ極めてロジカルに構築し、国の内外に対して自ら説明しており、その仕事ぶりについては敬意をもって拝見していました。

そう申し上げるのも、たとえば予算編成であれ税制改正であれ、最終的には国会での議決という、いわばお墨付きをいただくプロセスがあるのですが、その時々の金融政策については、一義的には日本銀行がどこまでもその妥当性を自らの責任で説明することが宿命付けられています。その点で、日本銀行の独立性は、必然的に大きな責任とある種の胆力のようなものを強く要請するものとの印象を持っています。やや情緒的ですが、組織の独立性を考えるとき、矜持と独走の二面性は不可避の課題なのかもしれません。

金融政策に係る説明責任について述べますと、現在の大胆な金融緩和策の導入当初、日本銀行はいわゆるサプライズ戦略という手法を採っていましたが、その後の批判も踏まえて、近時は説明の丁寧さを意識した姿勢に変化していると捉えています。特にマイナス金利を導入した二〇一六年一月以降に潮目は変わっており、たとえば同年七月の決定会合の際、「量的・質的金融緩和」導入以降三年間の経済・物価動向や政策効果に係る「総括的な検証」を行うと予告したことにも、そうした変化が表れているでしょう。

なお、日本銀行の総裁は、海外の主要な中央銀行の総裁よりも議会出席の頻度が際立って高いことは留意してよいと思います。ただし、金融政策運営に関する説明責任を果たしているか否かについては、単に議会出席の頻度だけではなく、議会で実際にどのように説明しているかも重要です。その点も含めて、日本銀行の説明責任を実質的によく観察していく必要があると思います。

金融政策の限界と財政民主主義

末光　金融政策の限界と財政民主主義との関係は非常に深いテーマだと思います。基本的な頭の整理として、金融政策は物価の安定を目指すマクロの経済政策ですが、本質的には時間軸上で消費をどう操作するかという話である以上、そもそも、ミクロの所得移転効果も伴っているものと理解しています。財政民主主義の趣旨が、財政運営が持つミクロの所得移転効果に根拠を持つならば、金融政策に対して独立性を付与するということは、したがって、財政民主主義の一定の自制を最初から内包するものと捉えることも可能です。

もう少し大きく捉えると、現在の民主主義の制度運営自体が、個別の政策分野によっては一定の自制をみせている側面があると思います。たとえば、教育委員会には政治的中立性の確保の観点から一定の独立性が保障されています。こうした仕組みが許容されているのは、国民主権に由来する正当性の確保が、必ずしも具体的政策の妥当性に直結せず、むしろ場合によっては逆に弊害もあるとの歴史的経験に基づくためでしょう。このように、国民主権由来の正当性と政策の妥当性の間でバランスをとることは、ただちに民主主義の否定を意味するものではなく、それぞれの政策分野の特性や歴史的経緯を踏まえた制度設計上の知恵の問題として理解できます。

金融政策に話を戻すと、たとえば「目標設定の独立性」と「政策手段の独立性」を切り分けた上で、後者について日本銀行に裁量を認めることも、そのようなバランスの取り方の試みの一つだと思います。ただし、これを実際に適用しようとすれば、具体的な日本銀行の判断が目標と手段のいずれなのか、その位置づけを巡る概念論争に陥らないよう注意する必要があるでしょう。

大胆な金融緩和によって財政民主主義の趣旨が実質的に損なわれているのではないかとの問題提起がなされる現在、日本銀行の政策裁量としてどこまで許容されるのかは、いっそう重要な課題です。現行の金融政策の評価はとりあえず横に置くとして、仮に、純粋に金融政策として考えれば妥当だけれども大きな所得移転効果を伴う判断というものがあった場合、制度論的にどうみるか、と抽象化して考えてみるのも一つの方法でしょう。

これを別の視点で捉え直すと、所得移転効果を念頭に、財政民主主義の切り口のみで日本銀行の政策判断の範囲を画することが適切か否か、との問題として論じることも可能です。これについては、まず、果たして金融政策の限界を量的に線引きできるかという問題があります。適切に線引きできないとすれば、別の発想として、たとえば制度面においては、総裁の任命などを通じたコントロールによって財政民主主義的な規範を一定程度及ぼしつつ、政策運営面においては、思い切った金融政策によってミクロの影響が相当程度生じる場合には、行政府による他の経済政策で対処することで、全体として最適なマクロ経済政策を追求するなど、より大きな制度論なり政策論なりの枠組みも想定し得ると思います。

経済政策を巡る議論空間の重要性

末光 そもそも、現行の金融緩和策の副作用がこれほど議論になる根本には、当初の見込みと異なり、物価安定目標がなかなか達成されないことがあります。日本銀行にしても、金融緩和策はあくまでも物価上昇率が二％の物価安定の目標を達成するまでの間の措置として始めたものです。しかしながら、さまざまな金融政策上の工夫を行っているにもかかわらず、なかなか物価安定目標が達成されず、結果的に日本銀行のバランスシートの拡大も継続し、将来の政府への納付金を先食いする形にもなっています。金融政策が時間軸上の消費の操作であることに鑑みると、結果的に日本銀行が一定の「時間稼ぎ」役を担っていることは否めません。

こうした状況を改めて考えると、現行の金融緩和策の継続の是非については、先ほどの財政民主主義の切り口に加えて、やはり政策論そのものとしてもしっかり議論し続ける必要があります。特に、現在の日本の金融政策は、世界的にみても非常に先駆的な取組みですが、同時に、高度に複雑化もしており、その全体像は大変理解しにくくなっています。このような中で、ますます重要な役割を果たすのは、有識者やジャーナリスト、あるいは関係実務

「日本全体をみると、もっと多様なものの見方が湧き出してくる議論の層の厚みがあってもいいのではないかと考えています。そうすることで、人々の政策をみる眼もやしなわれるのではないかと思います」―末光大毅

家などによる経済金融政策の絶え間ないチェックと意見の表明ではないでしょうか。これらの方々からのフィードバックも含めた、いわば「議論空間」ともいうべき領域が、特に現在、大変重要ではないかと強く感じています。

たとえば、米国では、各連邦準備銀行など金融政策について議論する主体が多数存在しています。一方、日本では、経済金融情勢として非常に興味深い状況にもかかわらず、全体的に金融政策や経済政策にかかる議論の層はあまり厚くないとの印象を個人的には持っています。碩学の前で大変恐縮ですが、日本全体をみると、もっと多様なものの見方が湧き出してくる議論の層の厚みがあってもいいのではないかと考えています。そうすることで、たとえば極論や世論の空気のようなものに対しても流されることのない、より頑健な政策論争が可能になり、人々の政策をみる眼もやしなわれるのではないかと思います。

技術革新による「行政サービスの充実」と「制度趣旨の問い直し」

末光　最後に佐和先生のご講演についてです。

人工知能や情報通信技術などの進展と行政運営の関係については、「行政運営や政策自体においてどのように活用するか」と「これらの技術革新が社会に与える影響に対してどのように対処していくか」の両側面に分けて考えることができます。

このうち前者については、特に地方自治体では、いかに業務の効率化を図るかに力点を置いて検討されることが増えています。奈良県でも人工知能を活用した県と市町村の問合せ対応業務の効率化を促進するための経費を来年度予算に盛り込んでいますが、人口減少への対応などの観点から、こうした取組みはますます進んでいくと思います。

他方、業務の効率化のみならず、新技術を活用して行政サービスの付加価値を増やす視点も重要です。たとえば、先ほどの問合せ対応業務にしても、住民への応答サービスが夜間や週末でも可能になり、それだけ行政サービスが充実するという側面もあります。これはいわば量的な充実の例ですが、これまでにない行政サービスの提供など質的な充実も含め、受け手の利便性をいっそう高めていく工夫が求められています。

先ほど申し上げた二つの側面のうち、技術革新が社会に与える影響への対処についてですが、新技術を活用した新しい経済活動の出現により、既存の制度や規制の根本的な趣旨を改めて問い直す機会が今後増していくものと思います。たとえばシェアリングエコノミーについては、貸し手と借り手の仲介コストが格段に低くなったことで、個人間で家や車を一時的に貸したり共有したりするなど、潜在的ニーズの掘り起こしが進んでいます。その本質は、ある資産から部分的に価値を切り出して需要者に提供する点にあると理解しています。

このように、資産の全体所有ではなく、多様かつ柔軟な共同利用によって効用を得る経済取引が社会的に増えてくると、所有権をはじめとする人と物を結ぶ権利関係についても、より柔軟な発想で新たな可能性を考えることができるのではないでしょうか。所有資産から利用価値が流動化しつつある現在、物にまつわる基本的な権利関係の法理と経済合理性の関係を柔軟に捉え直す心の準備がいっそう重要と思います。

シェアリングエコノミーに限らず、技術革新とそれに伴う社会の変化がとにかく早くなってきています。現実的な課題としては、行政がアンテナの感度をしっかりと高め、これらの変化に対して速やかに対応できる力をやしなうことが大切と思います。

社会の変化を踏まえた政策論
―「満足感」と「お金」「時間」の関係―

末光　最後に三名の先生方のご講演を踏まえた総括的なコメントとしての問題提起をしておきたいと思います。

供給者側からみた市場経済の基本は、商品やサービスに磨きをかけて、いかに消費者のお金を獲得するかです。そして消費者は取引を通じて効用を得ています。

一方、現代日本社会では、情報通信技術の活用による限界費用の極端な低減に伴って、SNSを通じたコミュニケーションや動画配信サービスの視聴、スマホゲームなどで、お金をかけなくても手軽に満足感を得られる時間が長くなってきています。少なくとも、そうした時間の過ごし方が潜在的な選択肢として利用可能になっています。しかし、人が消費できる時間は有限です。このため、結果的に、消費者が持つ時間という希少財を巡る供給者間の競争がますます激しくなってきていると捉えることが可能と思います。

ここで気をつけなければならないのは、この供給者の範囲には、市場経済における商品やサービスの提供者だけではなく、有料か無料か、あるいは手軽か否かを問わず、およそ人に対して時間を割くことを求めるすべての主体が入るということです。たとえば、このシンポジウムにしても、本日は多くのご参加をいただいていますが、潜在的な参加者の時間を巡って、情報通信技術を活用した手軽に楽しめるコンテンツとの戦いを経ていると考えることもできます。政策をみる眼をやしなったり、公的問題に関心を持ったりすることの本当の競合相手は、実はそのあたりに存在しているとは考えられないでしょうか。

また、平均的にある程度の生活水準が確保されている現代の日本において、お金を積極的に使わなくても手軽に一定の満足感が得られる時間の使い道があることは、二つの仮説を可能にしていると思います。

一つは、人々の効用に対する、お金を介した経済活動自体の説明力が低下しつつあるのではないかという点です。これは、しばしば指摘されるような物質的な豊かさと精神的な豊かさの対比ということではありません。お金で満足感を得ることを否定するものではないものの、お金を使わずに簡単に満足感が得られる利用可能な手段が多様化しているということです。

もう一つは、お金を使って必要な効用を必要な分だけ得ることについて、消費者の眼力

昔の学生は新古典派の原典だけでなくケインズもマルクスも読んだというお話がありました。教科書だけでなく多様な経済学の思考を学ぶことで、物事を相対化して理解できるようになる。そうした思考法をどう学生に学んでもらうかが大切だと思います。

そこではディスカッションというスタイルが一つのキーになるかもしれません。今の若い人が深夜二時、三時まで先輩のお酒に付き合うのは大変かもしれませんが、多様な世代や異分野の人たちとの直接対話を通じて学んでいくことは十分可能です。今回のシンポジウムの共通メッセージになると思いました。

軽部　今後、政策に対してどのような心構えや着眼点を持って向き合うべきか。ジャーナリズムの立場から言えば、政府の言うことを頭から信用しないことだろうと思います。これは私の長年の取材経験に基づいた教訓です。たとえば、一九九〇年代のコメ市場開放で秘密交渉がアメリカのメディアで暴露されたことがありました。そのとき、日本政府は国会や記者会見で何と言ったか。「そんなことは一切行っておりません」と繰り返しました。後で事実を検証してみると、アメリカの報道が出たときには、すでに水面下で実質的な合意に達していたのです。

経済だけはありません。たとえば沖縄返還時の密約です。歴代政権は「そんなものはありません」と言っていた。しかし、アメリカの公文書が次から次へと出てきた。民主党政権ができて、政府は初めて虚偽を認めました。
　やはり一歩引いてみることの大切さは常に心しておかなければなりません。政策に対する評価でも、疑いの目を持つことが、ジャーナリズムだけでなく社会全体を鍛えることになるのだろうという気がします。

佐和　心構えについて一言で言うと「世のため人のため」ではないでしょうか。

「自由主義と民主主義を脅かす第三の敵であるポピュリズムの予期せぬ登場により『新しい歴史』が始まりつつあるというのが、私の現状認識です」―佐和隆光

それはわれわれ経済学者も、政策に携わる現役の役人の皆様もそうだと思います。その一語に尽きる。

ただし、一言付言しておかなければならないことがあります。目下、ヨーロッパの先進国でポピュリズムの極右政党が台頭しています。ポピュリズムとは何でしょうか。要するに、自己利益を追求する大衆のために政治を行うこと、つまり大衆迎合です。たとえば、トランプ大統領は、国際競争力を失いつつあるアメリカの産業とそこで働く人々を守るために保護主義を実践しています。保護主義は保護される産業にとってはいいことかも知れませんが、関税で値上がった商品を消費する大部分の国民、輸入品を部品に使う企業にとっては迷惑千万なことです。これは経済学の常識中の常識です。政策に携わる現役の役人の方々にも、保護主義が望ましいと主張する方はほとんどいないはずです。関税引き下げによって被害をこうむる弱者を救済する何らかの措置を講じる必要性を唱えるのが精一杯でしょう。にもかかわらず、トランプの対中国政策を声高に批判する経済学者も官僚も、少なくとも日本にはいないに等しい。経済政策の決定過程において、合理的な議論がまかり通りにくくなっている。トランプが登場して以来、ポスト・トゥルース（post truth）、すなわち「事実か虚偽かは重要ではない、虚偽であっても自分に好都合の情報ならそれでよ

い」などといった風潮が蔓延している。経済学の正論など、ほとんど省みられなくなった。

実際、経済学者が正面切って政府の政策を批判するとか、経済学者同士が政府の政策の当否について喧々諤々の議論を繰り広げることがほとんどなくなってしまった。経済論壇はまったく鎮静化してしまったのです。

私は古典的な人間であります。近代西欧の思想である個人主義、自由主義、民主主義は普遍的な価値だと考えています。ところが今、個人主義、民主主義、自由主義がポピュリズムによって脅かされています。

一九九二年にフランシス・フクヤマは『歴史の終わり』(*The End of History and the Last Man*)という本を書きました。その中で彼は、民主政治と自由経済に対する二つの敵が二〇世紀に現れたと指摘しました。一つはファシズム、もう一つは共産主義です。その二つは、九一年のソビエト連邦崩壊をもって消滅し、最終的に民主主義と自由主義が勝利を収めました。これからは平和で安定してはいるけれども、退屈な時代がやってくるだろうと予言しました。しかしフランシス・フクヤマの言った通りにはなりませんでした。

今、民主政治や自由経済を脅かす新たな敵が世界を席巻しています。それは他でもないポピュリズムなのです。自由主義と民主主義を脅かす第三の敵であるポピュリズムの予期せぬ登場により「新しい歴史」が始まりつつあるというのが、私の現状認識です。そうした状況に対しどう立ち向かっていくのか。その適切な指針を探り当てることこそが、経済学者にとっても、また政策に携わる現役の役人にとっても喫緊の課題なのです。大衆の利益を尊重することだけに、政治や行政がなびくことは決してあってはならない。

あとがき

本書は、二〇一九年三月二日に開催された京都大学経済研究所シンポジウム「政策をみる眼をやしなう」の記録である。シンポジウムは、前半の講演と、後半のパネル・ディスカッションからなる。午後二時から五時半まで、二〇〇名超の会場が最後まで満員であるほど、熱気ある議論が行われた。

京都大学経済研究所のシンポジウムを書籍にまとめたのは、これが二回目となる。第一回目は、二〇一八年一〇月六日に開催された「資本主義と倫理─分断社会をこえて─」であり、そこでは資本主義の本質や経済学のあり方について議論が交わされた。第二回目の今回は、政策をみる眼、いっそう広く言えば社会をみる座標軸について、学界のみならず、政策報道の第一線で活躍されているメディアの方や、政策に携わる現役の役人の方も招いて議論が交わされた。

今回のシンポジウムを企画した狙いは、政策をみるための拠りどころとなる座標軸とはどのようなものか、その座標軸からみたとき現代の政策はどのようにとらえられるのか、ということを考えることにある。それぞれの講演者は、最近の著書や論文などにおいて、そうした政策ないし社会をみるための座標軸を提示し、その座標軸からみたときの現代の政策や社会のあり方について論じてきた方々である。ここでは、今回のシンポジウムに登壇いただくきっかけとなった、講演者の方々の最近の著書や論文を紹介する形で、あとがきに代えることにしたい。

第一講演者の軽部謙介解説委員は、『官僚たちのアベノミクス』（岩波新書、二〇一八年）において、異形の経済政策がいかに作られたかを、ファクトを積み重ねることで描き出している。同氏は、ファクトを描き終えた終章で、次のように問題を提示している。現代日本の議院内閣制の下で「一強」状態の政権が出現したとき、誰がそれを抑えるのか。どのようにしたらアベノミクスをはじめとする政策を、チェック・アンド・バランスの「お白州」

に引き出すことが可能となるのか。これに対する軽部氏の答えの一端は、本書を紐解いていただくとして、同氏のこの問いかけは、政策をみるうえでの基本的な立脚点であるといえる。

第二講演者の諸富徹先生の近著「財政・金融政策の公共性と財政民主主義」（『思想』二〇一九年四月号、岩波書店、所収）もまた、軽部氏と問題意識を同じくし、日銀の量的緩和政策を財政学の基本原則から検証している。量的緩和政策は、欧米の研究では所得分配上の不平等化効果をもつことが議論されている。同氏は、そうした所得分配に逆進的な影響が懸念される量的緩和政策が、議会での議論を通じてその妥当性が検証されないまま、政権の人事や目標設定に縛られ継続されることは、単に金融の問題ではなく、財政民主主義の問題そのものだと指摘する。本書の講演では、そうした議論のエッセンスが語られている。

第三講演者の佐和隆光先生は、いっそう大局的な視点から、第四次産業革命がもたらすであろう変革への適応のあり方について論じている。これは、ダイヤモンド社のPR誌『経Ｋｅｉ』での同氏の連載「第四次産業革命とは何か」で具体的に議論が展開されているが、そこでは、現代社会を、歴史にさかのぼりながら俯瞰し、例えば、過去の産業革命がもたらした光と影や、トマス・モアやケインズに学ぶ教訓、現代的なテーマとしてＡＩは人間の職業をどこまで奪うか、といった興味深い内容が論じられている。

繰り返しになるが、本書の狙いは、政策をみるための座標軸とは何か、その座標軸からみたとき現代の政策はどうとらえられるか、ということを考えることにある。このことについて、読者諸賢にとって本書が何らかの示唆をもつのであれば望外の喜びであるし、また関心のある方々には、以上で紹介したこれら講演者による著書や論文もお薦めしたい。

本書の作成にあたっては、シンポジウムの準備段階から多くの方々にお世話になった。前回に続き編集を担当いただいた東洋経済新報社の井坂康志さん。シンポジウムの運営を担当いただいたＣＳセンターの野田穣さんはじめスタッフの方々。そして、経済研究所のスタッフ、とりわけ秘書の増田実記さんには、シンポジウムの準備段階から入念な準備をしていただいた。これらの方々に感謝申し上げる。

最後に、本シンポジウムや本書は、京都大学経済研究所の「先端政策分析研究推進事業（第Ⅲ期）」と「エビデンス・ベース社会の構築に向けた人文社会科学の学際融合・最先端研究人材養成事業」の一環として文部科学省から支援を受けたものであることを付記しておく。

二〇一九年　春

京都大学経済研究所
所長　溝端佐登史
副所長　西山　慶彦
元特定教授　小嶋　大造

著者略歴

佐和隆光（さわ・たかみつ）

一九四二年生まれ。東京大学経済学部卒業。東京大学大学院経済学研究科修士課程修了。博士（経済学）。イリノイ大学教授、京都大学経済研究所教授・所長、国立情報学研究所副所長、滋賀大学学長等を経て、現在、滋賀大学特別招聘教授、公益財団法人国際高等研究所副所長を兼務。主な著書に『計量経済学の基礎』（東洋経済新報社）、『経済学のすすめ』（岩波新書）など。

諸富徹（もろとみ・とおる）

一九六八年生まれ。同志社大学経済学部卒業。京都大学大学院経済学研究科博士後期課程修了。博士（経済学）。横浜国立大学経済学部助教授、ミシガン大学客員研究員等を経て、現在、京都大学大学院経済学研究科兼地球環境学堂教授。主な著書に『環境税の理論と実際』（有斐閣）、『財政と現代の経済社会』（放送大学教育振興会）など。

軽部謙介（かるべ・けんすけ）

一九五五年生まれ。早稲田大学法学部卒業。時事通信社入社。社会部、福岡支社、那覇支局、経済部、ワシントン特派員、経済部次長、ワシントン支局長、ニューヨーク総局長等を経て、現在、同社解説委員。主な著書に『日米コメ交渉』（中公新書）、『官僚たちのアベノミクス』（岩波新書）など。

溝端佐登史（みぞばた・さとし）

一九五五年生まれ。大阪外国語大学外国語学部卒業。京都大学大学院経済学研究科博士後期課程退学。博士（経済学）。岐阜経済大学経済学部助教授等を経て、現在、京都大学経済研究所長・教授。主な著書に『ロシア経済・経営システム研究』（法律文化社）、『ロシア近代化の政治経済学』（文理閣）など。

小嶋大造（こじま・だいぞう）

一九七四年生まれ。東北大学農学部（農業経済学専攻）卒業。東北大学大学院農学研究科（農業経済学専攻）博士課程前期修了。博士（農学）。大蔵省（現財務省）入省。現在、東京大学大学院農学生命科学研究科准教授。主な著書に『現代農政の財政分析』（東北大学出版会）など。

末光大毅（すえみつ・だいき）

一九七六年生まれ。東京大学法学部卒業。大蔵省（現財務省）入省。カリフォルニア大学バークレー校公共政策大学院留学（公共政策学修士）、在インド日本国大使館一等書記官、主税局課長補佐、主計局主計官補佐、大臣官房総合政策課企画室長等を経て、現在、奈良県総務部長。

編者紹介

京都大学経済研究所附属先端政策分析研究センター（CAPS）

二〇〇五年に京都大学経済研究所内に設置され、政府関係機関と密接に連携して、先端的な経済学の理論・実証分析に基づき、政策の具体像の提言に向けたエビデンスベース・ポリシー研究を推進し、成果を社会に向けて発信することを目的とする組織。

政策をみる眼をやしなう

2019年9月5日発行

編　者——京都大学経済研究所附属先端政策分析研究センター
著　者——佐和隆光／諸富徹／軽部謙介／溝端佐登史／小嶋大造／
末光大毅
発行者——駒橋憲一
発行所——東洋経済新報社
〒103-8345　東京都中央区日本橋本石町 1-2-1
電話=東洋経済コールセンター 03(5605)7021
https://toyokeizai.net/

装丁・ＤＴＰ…アイランドコレクション
編集協力………川島睦保
印刷・製本……藤原印刷
編集担当………井坂康志
Printed in Japan　　ISBN 978-4-492-96167-4